Mey | Ich wollte wie Orpheus singen

Reinhard Mey

Ich wollte wie Orpheus singen

Lieder und Chansons

Ausgewählt und mit einem Nachwort
von Oliver Kobold

Reclam

RECLAMS UNIVERSAL-BIBLIOTHEK Nr. 14324
2022 Philipp Reclam jun. Verlag GmbH,
Siemensstraße 32, 71254 Ditzingen

Gestaltung: Cornelia Feyll, Friedrich Forssman
Druck und Bindung: EsserDruck Solutions GmbH,
Untere Sonnenstraße 5, 84030 Ergolding
Printed in Germany 2023
RECLAM, UNIVERSAL-BIBLIOTHEK und
RECLAMS UNIVERSAL-BIBLIOTHEK sind eingetragene Marken
der Philipp Reclam jun. GmbH & Co. KG, Stuttgart
ISBN 978-3-15-014324-7
www.reclam.de

Inhalt

Ich wollte wie Orpheus singen

Ich wollte wie Orpheus singen,
Dem es einst gelang,
Felsen selbst zum Weinen zu bringen
Durch seinen Gesang.

Wilde Tiere scharten sich
Friedlich um ihn her.
Wenn er über die Saiten strich,
Schwieg der Wind und das Meer.

Meine Lieder, die klingen nach Wein
Und meine Stimme nach Rauch,
Mag mein Name nicht Orpheus sein,
Mein Name gefällt mir auch.

Meine Lyra, die trag ich hin,
Bring sie ins Pfandleihhaus.
Wenn ich wieder bei Kasse bin,
Lös ich sie wieder aus.

Meine Lieder sing ich dir,
Von Liebe und von Ewigkeit,
Und zum Dank teilst du mit mir
Meine Mittelmäßigkeit.

Kein Fels ist zu mir gekommen,
Mich zu hören, kein Meer!
Aber ich habe dich gewonnen,
Und was will ich noch mehr?

(1965)

Die drei Musketiere

Ich denk oft dran, wie's war, wenn wir beisammensaßen,
Mit Illusionen hatten wir den Tisch gedeckt,
Ein Apfel dreigeteilt und das Brot, das wir aßen,
Dazu wässriger Wein, hat wunderbar geschmeckt.

Wir wollten anders sein als alle, die wir kannten,
Verachteten das Streben und pfiffen auf das Geld,
Den Bürger, den Pastor und die bigotten Tanten
Und glaubten, drei wie wir veränderten die Welt.

Ich hör noch heut das Lied, wir grölten's bis zum Morgen,
Vom feisten Bourgeois und »Lang lebe die Anarchie!«
Wir lachten über Angst und andrer Leute Sorgen,
Erzählten viel von Liebe und von Philosophie.

Die Zeit hat uns getrennt, verstreut an alle Enden.
Du, Aramis, magst heut Bahnhofsvorsteher sein,
Du, D'Artagnan, zählst heimlich deine Dividenden,
Ich, Porthos, sitze heut an unserm Tisch allein.

(1965)

Hauptbahnhof Hamm

Am Abend, wenn der Wartesaal
Im Hauptbahnhof zur Piazza wird,
Wenn sich der Süden jedes Mal
Bis in den Norden verirrt,
Dann wird der Kornschnaps zum Pastis,
Dann gibt es Bier, das nach Birra schmeckt,
Dann riecht's nach Knoblauch und Anis,
Und wenn der Lärm das Grau versteckt,
Hält das Signal sich für ein Minarett,
Der Zeitungsmann sich für den Muezzin,
Der Bahnhofsvorsteher für Mohammed
Und heißt die Züge gen Mekka ziehn.

Dann wird der Kiosk zum Basar,
Der Blumenhändler zu Vergil,
Die Bahnhofspolizei sogar
Wird zur Guardia Civil.
Dann erzählt Luis von Bañeza
Und Alexis von Xanthe
Und Ismael erzählt von Ankara,
Und ich erzähle vom Wannsee.
Dann fährt ihr Zug nach Essen weiter,
Um null Uhr sechsunddreißig haargenau,
Archimedes wird wieder Gleisarbeiter
Und Carmencita Reinemachefrau.

Um die Zeit wird am Imbissstand
Statt Espresso Kaffee gebrüht,
Dann schließt Vergil seinen Blumenstand,
Und die Windrose verblüht.

Im Wartesaal beim letzten Glas,
Wenn schon der Ober die Kasse zählt,
Sitz ich, erzähl mir selber was,
Wenn mir kein andrer mehr was erzählt.
Dann steh ich auf, dreh eine Zigarette
In schmutz'gen Fingern, steif und klamm,
Und tu, als ob ich was zu tun hätte
Um null Uhr fünfzig, Hauptbahnhof Hamm.

(1966)

Manchmal, da fallen mir Bilder ein

Manchmal, da fallen mir Bilder ein
Von großen Fenstern in Säulenhallen,
Von Wänden und Treppen aus Marmorstein,
Von Leuchtern mit funkelnden Kristallen,
Von Feuern in offenen Kaminen,
Von Betten mit samtenen Baldachinen …
Der Teppich ist doch schon sehr abgetreten –
Weißt du, ich rolle ihn einfach ein,
Er passt sowieso nicht zu den Tapeten.
Manchmal schäm ich mich, nicht dort zu Hause zu sein.

Manchmal, da fallen mir Bilder ein
Von bunten Markisen und weißen Spalieren,
Mit Heckenrosen und mit rankendem Wein,
Von Gärten, die sich in der Ferne verlieren,
Von Buchsbaum, zu Statuetten geschnitten.
Ein Kiesweg knirscht vornehm unter den Schritten …
Die Blumen vorm Fenster sind müde und grau,
Ich pflanz keine neuen mehr ein.
Die blühen hier doch nicht, das weiß ich genau!
Manchmal schäm ich mich, nicht dort zu Hause zu sein.

Manchmal, da fallen mir Bilder ein
Vom Lächeln weltgewandter Damen,
Gebräunte Gesichter bei Plaudereien,
Bilder wie auf Zigarettenreklamen:
Auf grünem Tuch vergoldete Harken,
Beschlagene Gläser und bunte Spielmarken …
Meine Schuhe müssen mal wieder zum Schuster,
Meine Freunde und ich trinken Bier anstatt Wein.
Was das Bridgespiel'n betrifft, da ist's bei mir zappenduster!
Manchmal schäm' ich mich, nicht einer von denen zu sein.

Manchmal, da fallen mir Bilder ein
Von einem Stück Brot in verstümmelten Händen,
Von einer Alten, die sie allein
Hervorzerren unter berstenden Wänden.
Von verbrannten Gesichtern, in Händen vergraben –
Manchmal schäm ich mich dafür, mich geschämt zu haben.
Das wollt ich dir noch sagen, hörst du mir noch zu?
Nein, du schläfst schon, vom Tag wirst du müde sein.
Ich lösche das Licht und ich deck dich wärmer zu.
Manchmal schäm ich mich, trotz allem so glücklich zu sein!

(1967)

Hymne auf meine Zimmerwirtin Frau Emma Pohl
in Berlin SO 36, Friedrichstraße.
Erster Teil der Trilogie: Andante

Im Zimmer ist Mief,
Die Türe hängt schief,
Es zieht mörderlich durchs Fenster,
Und dann gibt's Gespenster,
Die nachts hier tanzen,
Und ein paar Wanzen
In den zerschlissenen Betten.
Die Tapete ist nicht mehr zu retten.
Hat Risse schon an allen Enden,
Liegt allein an den schiefen Wänden.
Drei Dielen liegen noch im Zimmer,
Mit zwei'n wär es weitaus schlimmer.
Dafür hat der Tisch nur zwei Beine –
Na ja, besser als keine.
Oh, du himmlisch gemütliche Wohnstatt
Für achtzig D-Mark im Monat,
Alles inklusive, außer der Liebe!
Denn Damenbesuch ist bei mir nicht drin,
Hier bestimmt eine keusche Vermieterin.
Auf Ihr Wohl,
Alte, fette Frau Pohl!

(1964)

Zweiter Teil der Trilogie auf Frau Emma Pohl: Gespräch mit derselben; Allegro assai

Also, liebe Frau Pohl, nu komm'n Se mal rein,
Komm'n Se nich an den Tisch, der hat nur noch ein Bein!
Sie meinen, es war einfach grauenvoll,
Was hier gestern Abend passiert sein soll.
Sie sagen, ich hätte da drei Herren zu Besuch,
Und aus meinem Zimmer drang Schnapsgeruch.
Dann hätten wir was über Sie gesungen,
Und dann hätt's wie zerschmetternde Möbel geklungen,
Als ob Schränke zerbersten und Fenster zerschellen –
Frau Pohl, das kann ich mir gar nicht vorstellen!

Sie sagen, dann seien wir zu Ihnen gekommen
Und hätten uns erst richtig danebenbenommen.
Sie sagen, Herr Ofen goss im Delirium
Drei Flaschen Korn ins Aquarium,
Herr Schobert habe, wie Sie sagen,
Die letzten Dielen aus meinem Zimmer getragen
Und habe damit, als es kühl ward zur Nacht,
Ein Feuerchen auf Ihrem Teppich gemacht,
Mit den Worten: »Ach, die Alte, die wird's schon erlauben!«
Frau Pohl, das kann ich gar nicht glauben.

Beim Abschied viel später im Morgengraun
Erlegte Herr Wader den Gartenzaun,
Und die anderen seien auch erst gewichen,
Nachdem sie Ihre Katze grün angestrichen.
Sie meinen, die Herren, die wären wohl nicht
So ganz der richtige Umgang für mich,
Bei meinem Mietrückstand und bei dem Schaden,
Da sollt ich sie heute Abend nicht schon wieder einladen?

Na schön, ich will Ihnen nicht mehr böse sein,
Ich lad Sie auf ein Glas Alka Seltzer ein!
Auf Ihr Wohl,
Hochverehrte Frau Pohl!

(1965)

Dritter und letzter Teil der Trilogie. Er sollte ursprünglich Aussöhnung mit Frau Pohl heißen, hat sich jedoch dann in ein Allegro furioso hineingesteigert, so dass ich letzten Endes doch umziehen musste.

Es klopft an meiner Türe um Mitternacht,
Das hält meine Türe natürlich nicht aus und zerkracht –
Komm'n Se rein, Frau Pohl, Vorsicht bitte sehr!
Hier gibt's nämlich jetzt gar keine Dielen mehr,
Und man ist in diesen heiligen Hallen
Eh man sich's versieht, durch den Fußboden gefallen.
Was bringt mir die Ehre Ihrer Visite?
Probier'n Sie's mal wieder wegen der Miete?
Nein, wie Sie so von einem aufs andre Bein wanken,
Da ahn ich's schon, Sie wolln sich bei mir bedanken –

Dafür, dass meine drei Freunde und ich
In Ihrer Abwesenheit fein säuberlich
Den Flurschaden und das Kleinholz wegräumten
Von unserer Feier. Sie glaubten, Sie träumten,
Als Sie die Betonmischmaschine fanden,
Wo gestern noch Ihre Rosen standen.
Herr Wader hat sich so geniert
Und darum Ihr Wohnzimmer neu zementiert,

Und zum Zeichen, wie sehr er die Bombe bedauert,
Hat er gleich noch zwei Wände dazu gemauert.

Die machen jetzt aus Ihrem Wohnzimmer drei,
Ein Tipp unter Freunden: Vermieten Sie zwei!
Der Schnaps im Aquarium ist neutralisiert,
Ihr Fisch ist wieder nüchtern und nur wenig lädiert.
Auch Ihre Katze können Sie jetzt wieder anfassen –
Wir haben sie chemisch reinigen lassen.
Aber um alles so schön zu gestalten,
Mussten wir uns an Ihren Sparstrumpf halten.
Doch nichts sollte Ihnen zu teuer sein
Für so ein gemütliches Eigenheim!
Auf Ihr Wohl, hochverehrte Frau Pohl!

(1965)

Komm, gieß mein Glas noch einmal ein

Komm, gieß mein Glas noch einmal ein
Mit jenem bill'gen roten Wein,
In dem ist jene Zeit noch wach,
Heut trink ich meinen Freunden nach.

Bei diesem Glas denk ich zurück
An euch, mit denen ich ein Stück
Auf meinem Weg gegangen bin.
Mit diesem Glas trink ich im Sinn
Nach Süden, Osten, West und Nord
Und find euch in Gedanken dort,
Wo immer ihr zu Hause seid,
Seh die Gesichter nach der Zeit
In meinem Glas vorüberziehn,
Verschwommene Fotografien,
Die sich wirr aneinanderreihn.
Und ein paar Namen falln mir ein …

Komm, gieß mein Glas noch einmal ein
Mit jenem bill'gen roten Wein,
In dem ist jene Zeit noch wach,
Heut trink ich meinen Freunden nach.

Karl, der sich nicht zu schade fand,
Der, wenn es mulmig um mich stand,
So manche Lanze für mich brach.
Auf Klaus, der viel von Anstand sprach
Und der mir später in der Tat
Die beste Pfeife geklaut hat.
Mein Zimmernachbar bei Frau Pohl,
Der nach Genuss von Alkohol

Mein Zimmer unerträglich fand
Und alles kleinschlug kurzerhand,
So übte der sich damals schon
Für seine Weltrevolution.

Komm, gieß mein Glas noch einmal ein
Mit jenem bill'gen roten Wein,
In dem ist jene Zeit noch wach,
Heut trink ich meinen Freunden nach.

Dem stets betrunknen Balthasar,
Der immer, wenn er pleite war,
Seinen Kredit bei mir bekam.
Und wenn ich mich selbst übernahm,
Dann zahlte stets der Franz für mich,
Bis Balthasar die Schuld beglich.
Volker und Georg, die mit mir
Brüderlich teilten Schnaps und Bier,
Die fahrn zu dieser Zeit voll Rum
Auf irgendeinem Pott herum,
Auf irgendeinem Ozean,
Und spinnen neues Seemannsgarn.

Komm, gieß mein Glas noch einmal ein
Mit jenem bill'gen roten Wein,
In dem ist jene Zeit noch wach,
Heut trink ich meinen Freunden nach.

Verwechsl' ich euch, vergaß ich dich,
Lässt mein Gedächtnis mich im Stich?
Vieles ist schon so lange her.
Kenn ich nicht alle Namen mehr,

So kenn ich die Gesichter doch
Und ich erinnere mich noch
Und widme Euch nicht wen'ger Raum,
Geschrieben haben wir uns kaum,
Denn eigentlich ging keiner fort,
In einer Geste, einem Wort,
In irgendeiner Redensart
Lebt ihr in meiner Gegenwart.

Komm, gieß mein Glas noch einmal ein
Mit jenem bill'gen roten Wein,
In dem ist jene Zeit noch wach,
Heut trink ich meinen Freunden nach.

(1969)

Der Mörder ist immer der Gärtner

Die Nacht liegt wie Blei auf Schloss Darkmoor,
Sir Henry liest Financial Times.
Zwölfmal schlägt gespenstisch die Turmuhr,
Der Butler hat Ausgang bis eins.
Da schleicht sich im flackernden Lampenschein
Fast lautlos ein Schatten zur Türe herein
Und stürzt auf Sir Henry, derselbe lebt ab
Und nimmt das Geheimnis mit in das Grab:

Der Mörder war wieder der Gärtner,
Und der plant schon den nächsten Coup.
Der Mörder ist immer der Gärtner,
Und der schlägt erbarmungslos, der schlägt erbarmungslos,
der schlägt erbarmungslos zu!

Bei Maigret ist schon seit zwei Stunden
Ein Fahrstuhl andauernd blockiert.
Inspektor Dupont ist verschwunden,
Der Fahrstuhl wird grad repariert.
Da öffnet sich lautlos die Tür zum Schacht,
Es ertönt eine Stimme, die hämisch lacht.
Inspektor Dupont traf im Fahrstuhl ein Schuss,
Der Amtsarzt stellt sachlich fest: Exitus.

Der Mörder war wieder der Gärtner,
Und der plant schon den nächsten Coup.
Der Mörder ist immer der Gärtner,
Und der schlägt erbarmungslos, der schlägt erbarmungslos,
der schlägt erbarmungslos zu!

Am Hafendamm Süd wurde neulich
Ein Hilfsleuchtturmswart umgebracht.
Inspektor van Dyke, stets voreilig,
Hat drei Täter schon im Verdacht:
Die Wirtin zur Schleuse, denn die schielt und die hinkt,
Der Käpt'n, der schiffsbrüchig im Rum ertrinkt,
Der Lotse, der vorgibt, Napoleon zu sein,
Aber da irrt van Dyke, keiner war's von den Drei'n.

Der Mörder war wieder der Gärtner,
Und der plant schon den nächsten Coup.
Der Mörder ist immer der Gärtner,
Und der schlägt erbarmungslos, der schlägt erbarmungslos,
der schlägt erbarmungslos zu!

Die steinreiche Erbin zu Manster
Ist wohnhaft im fünfzehnten Stock,
Dort schläft sie bei offenem Fenster,
Big Ben schlägt gerad two o'clock.
Ganz leis bläht der Wind die Gardinen auf,
Auf die Erbin zeigt mattschwarz ein stählerner Lauf,
Und ein gellender Schrei zerreißt jäh die Luft,
Auch das war wohl wieder der Gärtner, der Schuft!

Der Mörder ist immer der Gärtner,
Und der plant schon den nächsten Coup.
Der Mörder ist immer der Gärtner,
Und der schlägt erbarmungslos, der schlägt erbarmungslos,
der schlägt erbarmungslos zu!

In seinem Gewächshaus im Garten
Steht in grüner Schürze ein Mann,
Der Gärtner rührt mehrere Arten von Gift gegen Blattläuse an.

Der Gärtner singt, pfeift und lacht verschmitzt,
Seine Heckenschere, die funkelt und blitzt,
Sense, Spaten und Jagdgewehr stehn an der Wand,
Da würgt ihn von hinten eine meuchelnde Hand –

Der Mörder war nämlich der Butler,
Und der schlug erbarmungslos zu.
Der Mörder ist immer der Butler –
Man lernt eben täglich, man lernt eben täglich,
  man lernt eben täglich dazu!

(1970)

Annabelle, ach Annabelle

Annabelle, ach Annabelle,
Du bist so herrlich unkonventionell,
Du bist so wunderbar negativ
Und so erfrischend destruktiv.
Annabelle, ach Annabelle,
Du bist so herrlich intellektuell,
Ich bitte dich, komm sei so gut,
Mach meine heile Welt kaputt!

Früher war ich ahnungslos wie ein Huhn,
Doch sie erweitert mein Bewusstsein nun,
Und diese Bewusstseinserweiterung
Ist für mich die schönste Erheiterung.
Seit ich auf ihrem Bettvorleger schlief,
Da bin ich ungeheuer progressiv,
Ich übe den Fortschritt und das nicht faul:
Nehme zwei Schritt auf einmal und fall aufs Maul.

Annabelle, ach Annabelle,
Du bist so herrlich unkonventionell,
Du bist so wunderbar negativ
Und so erfrischend destruktiv.
Annabelle, ach Annabelle,
Du bist so herrlich intellektuell,
Ich bitte dich, komm sei so gut,
Mach meine heile Welt kaputt!

Früher hab ich oft ein eigenes Auto benutzt,
Hab mir zweimal täglich die Zähne geputzt,
Hatte zwei bis drei Hosen und ein paar Mark in bar,
Ich erröte, wenn ich denk was für ein Spießer ich war.

Seit ich Annabelle hab, sind die Schuhe unbesohlt,
Meine Kleider hab ich nicht mehr von der Reinigung abgeholt,
Und seit jenem Tag gehör ich nicht mehr zur Norm,
Denn ich trage ja die Nonkonformisten-Uniform.

Annabelle, ach Annabelle,
Du bist so herrlich unkonventionell,
Du bist so wunderbar negativ
Und so erfrischend destruktiv.
Annabelle, ach Annabelle,
Du bist so herrlich intellektuell,
Ich bitte dich, komm sei so gut,
Mach meine heile Welt kaputt!

Früher, als ich noch ein Spießer war,
Ging ich gern ins Kino, in Konzerte sogar,
Doch mit diesem passiv-kulinarischen Genuss
Machte Annabelle kurzentschlossen Schluss.
Wenn wir heut ausgehn, dann geschieht das allein,
Um gesellschaftspolitisch auf dem Laufenden zu sein.
Heut bitt ich, Annabelle, erhör mein Flehn,
Lass uns zu einem Diskussionsabend gehn!

Annabelle, ach Annabelle,
Du bist so herrlich unkonventionell,
Du bist so wunderbar negativ
Und so erfrischend destruktiv.
Annabelle, ach Annabelle,
Du bist so herrlich intellektuell,
Ich bitte dich, komm sei so gut,
Mach meine heile Welt kaputt!

Früher hab ich manchen Tag und manche Nacht
Auf dem Fußballplatz und in der Kneipe zugebracht,
Mit Freunden geplaudert, meine Zeit verdöst,
Doch dann hat Annabelle mich von dem Übel erlöst.
Heut sitz ich vor ihr und hör mit offnem Mund,
Wenn sie für mich doziert, Theorien aufstellt, und
Ich wünschte, diese Stunden würden nie vergehn,
Ich könnt tagelang zuhörn, ohne ein Wort zu verstehn.

Annabelle, ach Annabelle,
Du bist so herrlich unkonventionell,
Du bist so wunderbar negativ
Und so erfrischend destruktiv.
Annabelle, ach Annabelle,
Du bist so herrlich intellektuell,
Ich bitte dich, komm sei so gut,
Mach meine heile Welt kaputt!

Früher dachte ich korruptes Spießerschwein,
Wer was schaffen will, der müsste fröhlich sein.
Doch jetzt weiß ich, im Gegenteil,
Im Pessimismus liegt das Heil!
Früher hab ich nämlich gerne mal gelacht,
Doch auch hier hat sie mich weitergebracht.
Heut weiß ich, die Lacherei war reaktionär,
Infolgedessen denk ich nach und schreite ernst einher.

Annabelle, ach Annabelle,
Du bist so herrlich intellektuell,
Zerstör mir meine rosa Brille
Und meine Gartenzwergidylle!

Annabelle, ach Annabelle,
Du bist so herrlich intellektuell,
Ich bitte dich, komm sei so gut,
Mach meine heile Welt kaputt!

Früher saß ich gerne tagelang
Vorm Fernsehapparat und aß und trank
Und war ein zufriedener Konsument,
Doch im höchsten Grade dekadent.
Dann hat Annabelle mich vor nicht langer Zeit
Vom Konsumterror befreit.
Nur noch geist'ge Werte sind's, die ich begehr,
Und ab heute bleibt der Kühlschrank leer!

Annabelle, ach Annabelle,
Du bist so herrlich unkonventionell,
Du bist so wunderbar negativ
Und so erfrischend destruktiv.
Annabelle, ach Annabelle,
Du bist so herrlich intellektuell,
Ich bitte dich, komm sei so gut,
Mach meine heile Welt kaputt!

Früher war ich, wie das alles zeigt,
Einem billigen Vergnügen niemals abgeneigt.
Doch ab heute wird nicht mehr genossen,
Dafür diskutiern wir beide unverdrossen.
Wenn ich zu ihren Füßen lieg,
Dann üb ich an mir Selbstkritik,
Und zum Zeichen ihrer Sympathie
Nennt sie mich »süßer Auswuchs kranker Bourgeoisie«.

Annabelle, ach Annabelle,
Du bist so herrlich unkonventionell,
Du bist so herrlich emanzipiert
Und hast mich wie ein Meerschweinchen dressiert.
Annabelle, ach Annabelle,
Du bist so herrlich intellektuell,
Und zum Zeichen deiner Emanzipation
Beginnt bei dir der Bartwuchs schon.

(1971)

Mein Achtel Lorbeerblatt

Dem einen ist meine Nase zu weit links im Gesicht,
Zu weit rechts erscheint sie dem andern, und das gefällt
ihm nicht.
Und flugs ergreift das Wort der Dritte
Und der bemerkt sodann:
Sie sitzt zu sehr in der Mitte,
Und ich sollt was ändern daran.

Und ich bedenk, was ein jeder zu sagen hat,
Und schweig fein still,
Und setz mich auf mein Achtel Lorbeerblatt
Und mache, was ich will.

Die einen hör ich sagen, ich sei der Alte nicht mehr,
Und wieder andre sich beklagen,
Dass ich noch der Alte wär.
Und dann sagt ein Musikkritiker,
Dem's an Argumenten gebricht:
»Sie warn doch früher einmal dicker«,
Und da widersprech ich ihm nicht.

Und bedenk, was ein jeder zu sagen hat
Und schweig fein still,
Und setz mich auf mein Achtel Lorbeerblatt
Und mache, was ich will.

Am Hungertuch zu nagen
Ist des Künstlers schönstes Los.
Im Gegenteil, so prunkvoll
Wie ein Papst sein,
Macht ihn groß.

Das alles sei Hose wie Jacke,
Ob Schulden, ob Geld auf der Bank.
Hauptsache ist, er hat 'ne Macke
Und nicht alle Tassen im Schrank.

Und ich bedenk, was ein jeder zu sagen hat,
Und schweig fein still,
Und setz mich auf mein Achtel Lorbeerblatt
Und mache, was ich will.

Dem einen ist meine Hose
Schon längst zu abgenutzt,
Dem andern wieder bin ich
Zu prächtig rausgeputzt.
Der Dritte hat was gegen Westen,
Doch einen Rat für mich bereit:
Ich gefiele ihm am allerbesten
Im langen Abendkleid.

Und ich bedenk, was ein jeder zu sagen hat,
Und schweig fein still,
Und setz mich auf mein Achtel Lorbeerblatt
Und mache, was ich will.

Mit großer Freude sägen
Die einen an meinem Ast,
Die andern sind noch am Überlegen,
Was ihnen an mir nicht passt.
Doch was immer ich tun würde,
Deren Gunst hätt ich längst verpatzt,
Also tu ich, was ein Baum tun würde,
Wenn ein Schwein sich an ihm kratzt.

Und bedenk, was ein jeder zu sagen hat,
Und schweig fein still,
Und setz mich auf mein Achtel Lorbeerblatt
Und mache, was ich will.

Es gibt noch ein paar Leute,
Und an die hab ich gedacht,
Für die hab ich meine Lieder
So gut es ging gemacht,
Die beim großen Kesseltreiben
Nicht unter den Treibern sind.
Und solang mir ein paar Freunde bleiben,
Hängt meine Fahne nicht im Wind.

Und ich scher mich den Teufel um Goliath
Und schweig fein still.
Habt Dank für das Achtel Lorbeerblatt,
Auf dem ich tun kann, was ich will.

(1971)

Gute Nacht, Freunde

Gute Nacht, Freunde, es wird Zeit für mich zu gehn.
Was ich noch zu sagen hätte,
Dauert eine Zigarette
Und ein letztes Glas im Stehn.

Für den Tag, für die Nacht unter eurem Dach habt Dank,
Für den Platz an eurem Tisch, für jedes Glas, das ich trank,
Für den Teller, den ihr mir zu den euren stellt,
Als sei selbstverständlicher nichts auf der Welt.

Gute Nacht, Freunde, es wird Zeit für mich zu gehn.
Was ich noch zu sagen hätte,
Dauert eine Zigarette
Und ein letztes Glas im Stehn.

Habt Dank für die Zeit, die ich mit euch verplaudert hab,
Und für eure Geduld, wenn's mehr als eine Meinung gab.
Dafür, dass ihr nie fragt, wann ich komm oder geh,
Für die stets offene Tür, in der ich jetzt steh.

Gute Nacht, Freunde, es wird Zeit für mich zu gehn.
Was ich noch zu sagen hätte,
Dauert eine Zigarette
Und ein letztes Glas im Stehn.

Für die Freiheit, die als steter Gast bei euch wohnt,
Habt Dank, dass ihr nie fragt, was es bringt, ob es lohnt.
Vielleicht liegt es daran, dass man von draußen meint,
Dass in euren Fenstern das Licht wärmer scheint.

Gute Nacht, Freunde, es wird Zeit für mich zu gehn.
Was ich noch zu sagen hätte,
Dauert eine Zigarette
Und ein letztes Glas im Stehn.

(1971)

Ich bin Klempner von Beruf

Ich bin Klempner von Beruf,
Ein dreifach Hoch dem, der dies goldne Handwerk schuf!
Denn auch in den größten Nöten
Gibt es immer was zu löten,
Immer wieder gibt es Pannen
An WCs und Badewannen:
Ich bin Klempner von Beruf.

Neulich hab ich einen Boiler installiert,
Der hat gut und gern zwei Tage funktioniert.
Dann war er drei Tage alt
Und das heiße Wasser kalt.
Na, da hab ich gar nicht lange repariert,
Sondern sofort einen neuen installiert.
Und da fragt mich doch der Kunde noch nachher,
Ob denn Repariern nicht doch preiswerter wär.
Da antwort ich blitzeschnell:
»Ihr uraltes Modell
Stellt die Firma heut schon gar nicht mehr her,
Und Ersatzteile gibt's längst nicht mehr.«

Ich bin Klempner von Beruf,
Ein dreifach Hoch dem, der dies goldne Handwerk schuf!
Selbst in schweren Wirtschaftskrisen
Find ich Rohre hinter Fliesen,
Ist ein Unglück anzurichten
Und ein Abfluss abzudichten:
Ich bin Klempner von Beruf.

Gestern Mittag hat ein Kunde angeklopft,
Bei ihm sei wohl ein Abwasserrohr verstopft.
Ich erneure rasch die Dichtung,
Und dann stimmt auch schon die Richtung,
Wenn man einen Stopfen in die Röhre pfropft,
Kann es sein, dass dann der Rücklaufkrümmer tropft.
Doch wahrscheinlich hat ein Doppelflansch geklemmt,
Darum hab ich gleich die Mauer aufgestemmt
Und das Halbrundstück durchstochen
Und die Wohnungswand durchbrochen
Und die Nachbarwohnung auch noch überschwemmt.
Es gibt nichts, das einen Klempner hemmt.

Ich bin Klempner von Beruf,
Ein dreifach Hoch dem, der dies goldne Handwerk schuf!
Immer werden Hähne tropfen,
Werden Waschbecken verstopfen,
Immer gibt es was zu schweißen,
Abzubaun und einzureißen:
Ich bin Klempner von Beruf.

Letzte Pfingsten war es, glaub ich, um halb acht,
Da rief ein Mann an, völlig aufgebracht:
Bei ihm sei ein Rohr gebrochen,
Er selbst nass bis auf die Knochen,
Und das sprudelt und das gluckert und das kracht –
»Prima«, sagte ich, »das wird sofort gemacht!«
An einem nebligen Novembertag
Bracht ich ihm erst mal den Kostenvoranschlag.
Noch muss er zum Keller schwimmen
Und zur Nacht sein Dach erklimmen,
Denn vor Juni tu ich keinen Hammerschlag –
So hat jeder seine Sorgen heutzutag.

Ich bin Klempner von Beruf,
Ein dreifach Hoch dem, der dies goldne Handwerk schuf!
Es gibt immer ein paar Muffen
Abzubaun und krumm zu buffen,
Es gibt immer was zu plantschen,
An den Hähnen zu verflanschen:
Ich bin Klempner von Beruf.

Am Freitag kam eine Reklamation,
Ein Kunde rügte die Installation,
Immer, wenn er Wasser zapfe,
Sammle Erdgas sich im Napfe,
Und klingle zufällig das Telefon,
Gäb es manche heftige Detonation.
Ich löste das Problem höchst elegant,
Indem ich Telefon und Hahn verband.
Wenn es jetzt im Hörer tutet,
Wird die Küche überflutet
Und durch diesen Kunstgriff meisterlicher Hand,
Ist jetzt jede Explosionsgefahr gebannt.

Ich bin Klempner von Beruf,
Ein dreifach Hoch dem, der dies goldne Handwerk schuf!
Denn in Villen, Hütten, Lauben,
Gibt es Muttern zu verschrauben,
Selbst auf Schlössern, alten, stolzen,
Gibt es Schellen zu verbolzen:
Ich bin Klempner von Beruf.

Gründlichsein ist jeden Klempners Pflicht,
Donnerstag war eine Leitung nicht ganz dicht.
Mit dem Anziehn einer Mutter
Ist das längst noch nicht in Butter,

Denn wenn dabei eine Bogenschelle bricht,
Reduziert sich oft die Druckmanschette nicht.
Folglich habe ich vom Keller bis zum Dach
Alle Rohre neu verlegt und hab danach
Auch den Kühlschrank noch erneuert,
Was die Sache zwar verteuert,
Aber dafür sagt mir auch kein Kunde nach,
Dass ich bei der Arbeit halbe Arbeit mach.

Ich bin Klempner von Beruf,
Ein dreifach Hoch dem, der dies goldne Handwerk schuf!
Linker Hand die Werkzeugtasche,
Zwanz'ger Schlüssel, Thermosflasche,
Rechter Hand meine Rohrzange,
So wird mir so schnell nicht bange:
Ich bin Klempner von Beruf.
Und braucht man keine Klempner mehr,
Na, dann werd ich halt Installateur.

(1973)

Wie vor Jahr und Tag

Wie vor Jahr und Tag liebe ich dich doch,
Vielleicht weiser nur und bewusster noch,
Und noch immerfort ist ein Tag ohne dich
Ein verlorner Tag, verlorne Zeit für mich.
Wie vor Jahr und Tag ist noch immerfort
Das Glück und dein Name dasselbe Wort.
Allein, was sich geändert haben mag,
Ich lieb dich noch mehr als vor Jahr und Tag.

Mit wie viel Hoffnungen hat alles angefangen,
Wie viel Erwartung auf dem Weg, der vor uns lag.
Wir sind seitdem manch Stück darauf gegangen,
Und doch ist er für mich neu wie vor Jahr und Tag.
Ich zähl die Jahre, die seitdem verstrichen,
Schon lange nicht mehr auf den Fingern einer Hand,
Und doch ist nichts von deinem Bild verblichen,
Vermiss ich nichts, was ich liebenswert daran fand.

Wie vor Jahr und Tag liebe ich dich doch,
Vielleicht weiser nur und bewusster noch,
Und noch immerfort ist ein Tag ohne dich
Ein verlorner Tag, verlorne Zeit für mich.
Wie vor Jahr und Tag ist noch immerfort
Das Glück und dein Name dasselbe Wort.
Allein, was sich geändert haben mag,
Ich lieb dich noch mehr als vor Jahr und Tag.

Ich habe tausendmal versucht, dich zu erlernen,
So wie man aus einem Buch lernen kann, ich Tor.
Und sah mit jeder Lektion sich mein Ziel entfernen,
Und heute weiß ich weniger noch als zuvor.

Ich habe tausendmal versucht vorauszusehen,
Wie du wohl handeln würdest, aber jedes Mal,
Wenn ich schon glaubte, alles an dir zu verstehen,
Erschien es mir, als säh ich dich zum ersten Mal.

Wie vor Jahr und Tag liebe ich dich doch,
Vielleicht weiser nur und bewusster noch,
Und noch immerfort ist ein Tag ohne dich
Ein verlorner Tag, verlorne Zeit für mich.
Wie vor Jahr und Tag ist noch immerfort
Das Glück und dein Name dasselbe Wort.
Allein, was sich geändert haben mag,
Ich lieb dich noch mehr als vor Jahr und Tag.

Lachen und Weinen sind in jener Zeit verklungen,
Die in Siebenmeilenstiefeln an uns vorübereilt,
Und von den besten all meiner Erinnerungen
Hab ich die schönsten, meine Freundin, wohl mit dir geteilt.
Nein, keine Stunde gäb's, die ich bereute,
Und mir bleibt nur als Trost dafür, dass keine wiederkehrt:
Viel mehr als gestern liebe ich dich heute,
Doch wen'ger noch, als ich dich morgen lieben werd.

Wie vor Jahr und Tag liebe ich dich doch,
Vielleicht weiser nur und bewusster noch,
Und noch immerfort ist ein Tag ohne dich
Ein verlorner Tag, verlorne Zeit für mich.
Wie vor Jahr und Tag ist noch immerfort
Das Glück und dein Name dasselbe Wort.
Allein, was sich geändert haben mag,
Ich lieb dich noch mehr als vor Jahr und Tag.

(1973)

Über den Wolken

Wind Nord-Ost, Startbahn null drei,
Bis hier hör ich die Motoren.
Wie ein Pfeil zieht sie vorbei,
Und es dröhnt in meinen Ohren.
Und der nasse Asphalt bebt,
Wie ein Schleier staubt der Regen,
Bis sie abhebt und sie schwebt
Der Sonne entgegen.

Über den Wolken muss die Freiheit wohl grenzenlos sein,
Alle Ängste, alle Sorgen, sagt man,
Blieben darunter verborgen, und dann
Würde, was uns groß und wichtig erscheint,
Plötzlich nichtig und klein.

Ich seh ihr noch lange nach,
Seh sie die Wolken erklimmen,
Bis die Lichter nach und nach
Ganz im Regengrau verschwimmen.
Meine Augen haben schon
Jenen winz'gen Punkt verloren.
Nur von fern klingt monoton
Das Summen der Motoren.

Über den Wolken muss die Freiheit wohl grenzenlos sein,
Alle Ängste, alle Sorgen, sagt man,
Blieben darunter verborgen, und dann
Würde, was uns groß und wichtig erscheint,
Plötzlich nichtig und klein.

Dann ist alles still, ich geh,
Regen durchdringt meine Jacke,
Irgendjemand kocht Kaffee
In der Luftaufsichtsbaracke.
In den Pfützen schwimmt Benzin
Schillernd wie ein Regenbogen,
Wolken spiegeln sich darin –
Ich wär gern mitgeflogen.

Über den Wolken muss die Freiheit wohl grenzenlos sein,
Alle Ängste, alle Sorgen, sagt man,
Blieben darunter verborgen, und dann
Würde, was uns groß und wichtig erscheint,
Plötzlich nichtig und klein.

(1973)

Atze Lehmann

Du hör mal, eben ruft mich Walther an,
es geht da um die neue Produktion.
Also, wir fangen schon am Freitag an,
und den Termin fürs Studio hat er schon,
Und auch das mit den Musikern,
um die ich ihn gebeten hab, geht alles klar.
Und es kommt auch wieder dieselbe Mannschaft,
die 's letzte Mal dabei gewesen war.
Und dann hat er sich noch nach dir erkundigt
und nach deinem Wohlergehn gefragt,
Und dass ich's nicht vergesse, dich herzlich von ihm zu grüßen,
hat er noch gesagt.
Und ganz zum Schluss, als ich den Hörer schon auflegen wollte,
rutscht es ihm noch raus,
Dass Atze Lehmann sich erschossen hat
im Garten, hinter seinem Haus.

Ich kann das gar nicht richtig glauben, Menschenskind,
das kann doch gar nicht möglich sein!
Das geht ganz einfach nicht in meinen Kopf,
das kann ich einfach nicht begreifen, nein.
Das sind so Sachen, wie sie immer in der Zeitung
auf der letzten Seite stehn.
So zwischen Rauferei'n und Diebstahlsmeldungen,
das kann ich einfach nicht verstehn.
Und über so was les ich immer unbeteiligt
und fast gleichgültig hinweg,
So was passiert immer woanders,
so was passiert immer andern und weit weg.

Und mit demselben Blick les ich oft noch die Kleinanzeigen
und mach mir nichts draus.
Und jetzt erschießt sich Atze Lehmann
im Garten, hinter seinem Haus.

Ich kann mich gut an ihn erinnern,
ohne je enger mit ihm bekannt zu sein.
Mit seinem struppig-roten Haar stand er vor mir,
ein Monument aus rotem Stein,
Mit seinen ausgebeulten Hosen und Sandalen
mit viel Platz für fünf Paar Zeh'n,
Den großen Augen eines Bär'n,
dem Schnurrbart von einem Lufthansa-Kapitän.
Und als ich ihn begrüßte, dacht ich,
der hat Hände wie Klosettdeckel so groß,
Und als ich ihn am Flügel sitzen sah und spielen hörte,
fragte ich mich bloß:
Wie kriegt der Mann zwischen den Tasten seine Finger
wieder vollzählig heraus?
Und jetzt erschießt sich Atze Lehmann
im Garten, hinter seinem Haus.

Das bisschen, was ich von ihm weiß,
hat er mir irgendwann im Studio selbst erzählt,
Zwischen zwei Titeln, und er schien mir nicht der Typ,
den immerzu der Zweifel quält,
Von seiner Frau, von seinen Kindern, Haus und Garten
und dem nächsten Urlaubsziel,
Und abends wär die elektrische Eisenbahn von seinem Sohn
sein Lieblingsspiel.
Und dass er irgendwann mal Flieger werden wollte,
aber dann kam ja der Krieg,

Und schließlich kam er, wie wir alle,
wie die Jungfrau zum Kind kommt, zur Musik.
Und wenn er jemals wieder fliegen würde,
dann im Suff aus dem Orchester raus –
Und jetzt erschießt sich Atze Lehmann
im Garten, hinter seinem Haus.

Dann hab ich ihn noch mal getroffen,
letzten Herbst auf der Stadtautobahn,
Da fuhr er eine Zeit lang hinter mir
und blinkte mich wie ein Verrückter an.
Und vor 'ner Wurstbude in Tegel stieg er aus dem
alten rost'gen BMW
Und sagte: »Hallo, alter Freund, ich freu mich riesig,
dass ich dich mal wiederseh!«
Dann hat er mir noch eine Currywurst spendiert,
und beim Essen haben wir
Ein bisschen vom Geschäft geplaudert,
und mit vollem Munde sagte er zu mir:
»Ich habe jetzt die ganz große Nummer geschrieben,
kommt nächste Woche raus!«
Und jetzt erschießt sich Atze Lehmann
im Garten, hinter seinem Haus.

Du, weißt du, eigentlich geht uns die ganze Geschichte
überhaupt nichts an,
Wir kannten ihn ja nur so eben,
ändern können wir ja auch nichts mehr daran.
Und doch ist mir, wenn ich dran denke, irgendwie,
als wär's Winter, als würd ich friern,
Als hätt ich eben einen Freund gewonnen,
nur um ihn gleich wieder zu verliern.

Als ob seitdem all das geschehen ist,
wir beinahe alte Verwandte warn,
Was um alles in der Welt ist denn bloß
in den alten Spaßvogel gefahrn?
Und je mehr ich drüber nachdenk,
desto wen'ger werd ich schlau daraus –
Da erschießt sich Atze Lehmann
im Garten, hinter seinem Haus.

(1974)

Ein Antrag auf Erteilung eines Antragformulars

Mein Verhältnis zu Behörden war nicht immer ungetrübt,
Was allein nur daran lag, dass man nicht kann, was man
nicht übt.
Heute geh ich weltmännisch auf allen Ämtern ein und aus,
Schließlich bin ich auf den Dienstwegen so gut schon
wie zu Haus.
Seit dem Tag, an dem die Aktenhauptverwertungsstelle Nord
Mich per Einschreiben aufforderte: Schicken Sie uns sofort

Einen Antrag auf Erteilung eines Antragformulars
Zur Bestätigung der Nichtigkeit des Durchschriftexemplars,
Dessen Gültigkeitsvermerk von der Bezugsbehörde stammt,
Zum Behuf der Vorlage beim zuständ'gen Erteilungsamt.

Bis zu jenem Tag wusst ich nicht einmal, dass es sowas gab,
Doch wer gibt das schon gern von sich zu, so kramt ich,
was ich hab
An Papiern und Dokumenten aus dem alten Schuhkarton:
Röntgenbild, Freischwimmerzeugnis, Parkausweis und
Wäschebon.
Damit ging ich auf ein Amt, aus all den Türen sucht ich mir
Die sympathischste heraus und klopfte an: »Tag, gibt's hier

Einen Antrag auf Erteilung eines Antragformulars
Zur Bestätigung der Nichtigkeit des Durchschriftexemplars,
Dessen Gültigkeitsvermerk von der Bezugsbehörde stammt,
Zum Behuf der Vorlage beim zuständ'gen Erteilungsamt.

»Tja«, sagte der Herr am Schreibtisch, »alles, was Sie wollen, nur
Ich bin hier Vertretung, der Sachbearbeiter ist zur Kur.
Allenfalls könnte ich Ihnen, wenn Ihnen das etwas nützt,
Die Broschüre überlassen ›Wie man sich vor Karies schützt‹.

Aber fragen Sie mal den Pförtner, man sagt, der kennt sich
hier aus.«
Und das tat ich dann: »Ach, bitte, wo bekommt man
hier im Haus

Eine Antragsformulierung, die die Nichtigkeit erklärt,
Für die Vorlage der Gültigkeit, nee, nee, halt, das war verkehrt!
Dessen Gültigkeitsbehörde im Erteilungszustand liegt …
Na ja, Sie wissen schon, so'n Zettel, wissen Sie, wo man
den kriegt?«

»Da sind Sie hier ganz und gar verkehrt, am besten ist,
Sie gehn
Zum Verlegungsdienst für den Bezirksbereich, Parkstraße 10,
In die Abwertungsabteilung für den Formularausschuss.
Bloß, beeiln Se sich ein bisschen, denn um zwei Uhr ist da
Schluss.
Dort bestelln Se dann dem Pförtner einen schönen
Gruß von mir,
Und dann kriegen Sie im zweiten Stock, rechts, Zimmer 104

Einen Antrag auf Erteilung eines Antragformulars
Zur Bestätigung der Nichtigkeit des Durchschriftexemplars,
Dessen Gültigkeitsvermerk von der Bezugsbehörde stammt,
Zum Behuf der Vorlage beim zuständ'gen Erteilungsamt.

In der Parkstraße 10 sagte mir der Pförtner: »Ach, zu dumm,
Die auf 104 stelln seit zwei Wochen auf Computer um.
Und die Nebendienststelle, die sonst Härtefälle betreut,
Ist seit elf Uhr zu, die feiern da ein Jubiläum heut.
Frau Schlibrowski ist auf Urlaub, tja, da bleibt Ihnen wohl nur,
Es im Neubau zu probiern, vielleicht hat die Registratur

Einen Antrag auf Erteilung eines Antragformulars
Zur Bestätigung der Nichtigkeit des Durchschriftexemplars,
Dessen Gültigkeitsvermerk von der Bezugsbehörde stammt,
Zum Behuf der Vorlage beim zuständ'gen Erteilungsamt.«

Ich klopfte, trat ein, und spürte rote Punkte im Gesicht,
Eine Frau kochte grad Kaffee, sie beachtete mich nicht.
Dann trank sie genüsslich schlürfend, ich stand dumm
lächelnd im Raum,
Schließlich putzte sie ausgiebig einen fetten Gummibaum.
Ich räusperte mich noch einmal, doch dann schrie ich plötzlich
schrill,
Warf mich trommelnd auf den Boden, und ich röchelte:
»Ich will

Meinen Antrag auf Erteilung eines Antragformulars
Zur Bestätigung der Nichtigkeit des Durchschriftexemplars,
Dessen Gültigkeit, ach, wissen Sie, Sie rost'ge Gabel, Sie,
Nageln Sie sich Ihr Scheißformular gefälligst selbst vors Knie!«

Schluchzend robbt ich aus der Tür, blieb zuckend liegen,
freundlich hob
Mich der Aktenbote auf seinen Aktenkarren und schob
Mich behutsam durch die Flure, spendete mir Trost und Mut:
»Wir zwei rolln jetzt zum Betriebsarzt, dann wird alles
wieder gut.
Ich geb nur schnell 'nen Karton Vordrucke bei der
Hauspost auf,
Würden Sie mal kurz aufstehen, Sie sitzen nämlich grade drauf –
Is'n Posten alter Formulare, die gehn ans Oberverwaltungsamt
zurück,
Da solln die jetzt eingestampft werden, das sind diese völlig
überflüssigen

48 Anträge auf Erteilung eines Antragformulars
Zur Bestätigung der Nichtigkeit des Durchschriftexemplars,
Dessen Gültigkeitsvermerk von der Bezugsbehörde stammt
Zum Behuf der Vorlage beim zuständ'gen Erteilungsamt.

(1976)

Menschenjunges

Menschenjunges, dies ist dein Planet,
Hier ist dein Bestimmungsort, kleines Paket.
Freundliches Bündel, willkommen, herein,
Möge das Leben hier gut zu dir sein!

Da liegst du nun also endlich fertig in der Wiege,
Du bist noch ganz frisch und neu, und ich schleiche verstohln
Zu dir, und mit großer Selbstbeherrschung nur besiege
Ich die Neugierde, dich da mal rauszuholn,
Um Dich überhaupt erst mal genauer anzusehen,
So begnüg ich mich damit, an deinem ersten Tag
Etwas verlegen vor deiner Wiege rumzustehen
Und mir vorzustellen, was dein Leben bringen mag.

Menschenjunges, dies ist dein Planet,
Hier ist dein Bestimmungsort, kleines Paket.
Freundliches Bündel, willkommen, herein,
Möge das Leben hier gut zu dir sein!

Mögest du all das erfahren und all das erleben,
Was erlebenswert und was im Leben wichtig ist.
Mög es noch Wiesen und Bäume und Maikäfer geben,
Wenn du im Maikäfersammelalter bist.
Mögen auch allzeit Nägel, Strippe, Murmeln, Litze,
Kleister, Brausepulver, Buntstifte und Feuerstein,
Schraubenzieher, Isolierband, Knete und Lakritze
Reichlich in deinen Hosentaschen vorrätig sein!

Menschenjunges, dies ist dein Planet,
Hier ist dein Bestimmungsort, kleines Paket.
Freundliches Bündel, willkommen, herein,
Möge das Leben hier gut zu dir sein!

Und eines Tags kommt der Tag, da sitze ich beklommen
Ratlos vor den Schularbeiten, die man dir aufgab.
Werde deine Rechenaufgaben nicht rausbekommen;
Für den Aufsatz, den ich dir geschrieben hab,
Wirst du, wenn du sehr viel Glück hast, keinen Arrest kriegen,
Aber als Entschädigung dafür werd ich mit dir
Drachen bauen, Bilder maln und Doppeldecker fliegen
Und zeig dir den Umgang mit Lötlampe und Klavier.

Menschenjunges, dies ist dein Planet,
Hier ist dein Bestimmungsort, kleines Paket.
Freundliches Bündel, willkommen, herein,
Möge das Leben hier gut zu dir sein!

Ein paar Jahre später dann nach manch blutigen Nasen,
Nach unzähligen Pflastern über aufgeschlag'nen Knien,
Nach zerbroch'nen Fensterscheiben, zertöpperten Vasen,
Fehlgeschlagenen Erziehungstheorien,
Nach erkannter Unwirksamkeit strenger Zeigefinger
Machen wir beide nämlich gemeinsam jeden Stuss,
Jeden groben Unfug, und dann drehn wir all die Dinger,
Die ich dir bis dahin jedoch streng verbieten muss.

Menschenjunges, dies ist dein Planet,
Hier ist dein Bestimmungsort, kleines Paket.
Freundliches Bündel, willkommen, herein,
Möge das Leben hier gut zu dir sein!

Möge dir von dem, was du dir vornimmst, viel gelingen!
Sei zufrieden, wenn's gelingt, und ohne Übermut,
Versuch deine Welt ein kleines Stück voranzubringen,
Sei, so gut es geht, zu deinen Menschenbrüdern gut!

Tja, dann wünsch ich dir, dass ich ein guter Vater werde,
Dass du Freunde findest, die dich lieben, und dass du
Spaß hast an dem großen Abenteuer auf der Erde –
Hals- und Beinbruch, da kommt was auf dich zu!

Menschenjunges, dies ist dein Planet,
Hier ist dein Bestimmungsort, kleines Paket.
Freundliches Bündel, willkommen, herein,
Möge das Leben hier gut zu dir sein!

(1976)

Zeugnistag

Ich denke, ich muss so zwölf Jahre alt gewesen sein,
Und wieder einmal war es Zeugnistag.
Nur diesmal, dacht ich, bricht das Schulhaus samt
Dachgestühl ein,
Als meines weiß und hässlich vor mir lag.
Dabei warn meine Hoffnungen keineswegs hochgeschraubt,
Ich war ein fauler Hund und obendrein
Höchst eigenwillig, doch trotzdem hätte ich nie geglaubt,
So ein totaler Versager zu sein.

So, jetzt ist es passiert, dacht ich mir, jetzt ist alles aus,
Nicht einmal eine Vier in Religion.
O Mann, mit diesem Zeugnis kommst du besser nicht
nach Haus,
Sondern allenfalls zur Fremdenlegion.
Ich zeigt es meinen Eltern nicht und unterschrieb für sie,
Schön bunt, sah nicht schlecht aus, ohne zu prahln!
Ich war vielleicht 'ne Niete in Deutsch und Biologie,
Dafür konnt ich schon immer ganz gut maln.

Der Zauber kam natürlich schon am nächsten Morgen raus,
Die Fälschung war wohl doch nicht so geschickt.
Der Rektor kam, holte mich schnaubend aus der Klasse raus,
So stand ich da, allein, stumm und geknickt.
Dann ließ er meine Eltern kommen, lehnte sich zurück,
Voll Selbstgerechtigkeit genoss er schon
Die Maulschellen für den Betrüger, das missrat'ne Stück,
Diesen Urkundenfälscher, ihren Sohn.

Mein Vater nahm das Zeugnis in die Hand und sah mich an
Und sagte ruhig: »Was mich anbetrifft,
So gibt es nicht die kleinste Spur eines Zweifels daran,
Das ist tatsächlich meine Unterschrift.«
Auch meine Mutter sagte, ja, das sei ihr Namenszug,
Gekritzelt zwar, doch müsse man verstehn,
Dass sie vorher zwei große, schwere Einkaufstaschen trug.
Dann sagte sie: »Komm, Junge, lass uns gehn.«

Ich hab noch manches lange Jahr auf Schulbänken verlorn
Und lernte widerspruchslos vor mich hin,
Namen, Tabellen, Theorien von hinten und von vorn,
Dass ich dabei nicht ganz verblödet bin!
Nur eine Lektion hat sich in den Jahrn herausgesiebt,
Die eine nur aus dem Haufen Ballast:
Wie gut es tut, zu wissen, dass dir jemand Zuflucht gibt,
Ganz gleich, was du auch ausgefressen hast!

Ich weiß nicht, ob es rechtens war, dass meine Eltern mich
Da rausholten, und wo bleibt die Moral?
Die Schlauen diskutiern, die Besserwisser streiten sich,
Ich weiß es nicht, es ist mir auch egal.
Ich weiß nur eins, ich wünsche allen Kindern auf der Welt,
Und nicht zuletzt natürlich dir, mein Kind,
Wenn's brenzlig wird, wenn's schiefgeht, wenn die Welt zusammenfällt,
Eltern, die aus diesem Holze sind,
Eltern, die aus diesem Holz geschnitten sind.

(1978)

Freundliche Gesichter

Mit sechzig auf der Kriechspur, die Lastwagen im Genick,
Als Zeit und Wege keine Rolle spielten,
Ein altes Auto, das nur noch mein Glaube und ein Trick,
Die Liebe und der Rost zusammenhielten.
So hab ich manchen Tag auf mancher Straße zugebracht,
Unendlich reich an Hoffnungen und Träumen.
Im Rücksitz die Gitarre war meine einz'ge Fracht,
Meine einz'ge Angst war, etwas zu versäumen.

Da waren freundliche Gesichter,
Und es war gut, ein Lächeln zu sehn,
Wie Freunde, wie Komplizen waren wir.
Ich hatte meinen Weg gefunden,
Sie gaben mir Mut, ihn zu gehn,
Und mir und meinen Liedern ein Quartier,
Als keiner an mich glaubte außer ihnen und mir.

Der Beifall abends gab mir Kraft, am Morgen loszugehn,
Zu neuen Studios, neuen Plattenbossen,
Er half mir, in den Vorzimmern auch dann noch stolz zu stehn,
Wenn alle Türen sich vor mir verschlossen.
Er ließ mich die Enttäuschung, das Vertrösten jedes Mal,
Die Sprüche und die Ausflüchte verwinden:
Ich würd abends einen winz'gen, aber einen vollen Saal,
Offene Ohrn und ein Zuhause finden.

Und da warn freundliche Gesichter,
Und es war gut, ein Lächeln zu sehn,
Wie Freunde, wie Komplizen waren wir.
Ich hatte meinen Weg gefunden,
Sie gaben mir Mut, ihn zu gehn,
Und mir und meinen Liedern ein Quartier,
Als keiner an mich glaubte außer ihnen und mir.

Nun, heute weht ein sanfter Wind mir wärmer ins Gesicht,
Und vieles hat sich mit dem Blatt gewendet.
Aber Flitter und Glitzerkram trüben den Blick mir nicht,
Die Scheinwerfer haben mich nicht geblendet.
Es tut nur gut, nicht länger im kalten Regen zu stehn,
Ich bin dankbar dafür, doch unterdessen
Hab ich es nicht verlernt, durch all das Licht hindurchzusehn –
Ich hab euch keinen Augenblick vergessen!

All die freundlichen Gesichter,
Und es war gut, ein Lächeln zu sehn,
Wie Freunde, wie Komplizen waren wir.
Ich hatte meinen Weg gefunden,
Sie gaben mir Mut, ihn zu gehn,
Und mir und meinen Liedern ein Quartier,
Als keiner an mich glaubte außer ihnen und mir.

(1980)

Was in der Zeitung steht

Wie jeden Morgen war er pünktlich dran,
Seine Kollegen sahn ihn fragend an:
»Sag mal, hast du noch nicht gesehn, was in der Zeitung steht?«
Er schloss die Türe hinter sich,
Hängte Hut und Mantel in den Schrank, fein säuberlich,
Setzte sich, »na, wolln wir erst mal sehn, was in der
Zeitung steht!«
Und da stand es fett auf Seite zwei:
»Finanzskandal!«, sein Bild dabei
Und die Schlagzeile: »Wie lang das wohl so weitergeht?!«
Er las den Text, und ihm war sofort klar:
Eine Verwechslung, nein, da war kein Wort von wahr,
Aber, wie kann so etwas erlogen sein, was in der Zeitung steht?

Er starrte auf das Blatt, das vor ihm lag,
Es traf ihn wie ein heimtückischer Schlag,
Wie ist es möglich, dass so etwas in der Zeitung steht?
Das Zimmer ringsherum begann sich zu drehn,
Die Zeilen konnte er nur noch verschwommen sehn,
Wie wehrt man sich nur gegen das, was in der Zeitung steht?
Die Kollegen sagten: »Stell dich einfach stur!«
Er taumelte zu seinem Chef über den Flur:
»Aber selbstverständlich, dass jeder hier zu Ihnen steht!
Ich glaub, das Beste ist, Sie spannen erst mal aus,
Ein paar Tage Urlaub, bleiben Sie zu Haus,
Sie wissen ja, die Leute glauben gleich alles, nur weil's
in der Zeitung steht.«

Er holte Hut und Mantel, wankte aus dem Raum,
Nein, das war Wirklichkeit, das war kein böser Traum,
Wer denkt sich sowas aus, wie das, was in der Zeitung steht?
Er rief den Fahrstuhl, stieg ein und gleich wieder aus,
Nein, er ging doch wohl besser durch das Treppenhaus,
Da würd ihn keiner sehn, der wüsste, was in der Zeitung steht.
Er würde durch die Tiefgarage gehn,
Er war zu Fuß, der Pförtner würde ihn nicht sehn,
Der wusste immer ganz genau, was in der Zeitung steht.
Er stolperte die Wagenauffahrt rauf,
Sah den Rücken des Pförtners, das Tor war auf,
Das klebt wie Pech an dir, das wirst du nie mehr los,
was in der Zeitung steht.

Er eilte zur U-Bahn-Station,
Jetzt wüssten es die Nachbarn schon,
Jetzt war's im ganzen Ort herum, was in der Zeitung steht.
Solang die Kinder in der Schule warn,
Solange würden sie es vielleicht nicht erfahrn,
Aber irgendwer hat ihnen längst erzählt, was in der
Zeitung steht.
Er wich den Leuten auf dem Bahnsteig aus, ihm schien,
Die Blicke aller richteten sich nur auf ihn,
Der Mann im Kiosk da, der wusste Wort für Wort,
was in der Zeitung steht.
Wie eine Welle war's, die über ihm zusammenschlug,
Wie die Erlösung kam der Vorortszug!
Du wirst nie mehr ganz frei, das hängt dir ewig an,
was in der Zeitung steht.

»Was wolln Sie eigentlich?«, fragte der Redakteur,
»Verantwortung, Mann, wenn ich das schon hör!
Die Leute müssen halt nicht gleich alles glauben,
nur weil's in der Zeitung steht!
Na schön, so 'ne Verwechslung kann schon mal passiern,
Da kannst du noch so sorgfältig recherchiern,
Mann, was glauben Sie, was Tag für Tag für'n Unfug
in der Zeitung steht!«
»Ja«, sagte der Chef vom Dienst, »das ist wirklich zu dumm
Aber ehrlich, man bringt sich doch nicht gleich um,
Nur weil mal aus Versehn was in der Zeitung steht.«
Die Gegendarstellung erschien am Abend schon,
Fünf Zeilen, mit dem Bedauern der Redaktion,
Aber Hand aufs Herz, wer liest, was so klein in der Zeitung steht?

(1982)

Es ist doch ein friedlicher Ort

Wenn ich die Schreckensbilder seh von Coventry
und Rotterdam,
Von Nagasaki und Berlin, von Dresden und Hiroshima,
Wenn ich in alten Wochenschaun die Flugzeuge aufsteigen seh,
Die ihre abscheuliche Fracht abwerfen in ein fernes Ziel,
Dann wird mir der Motorenklang zu einem widerlichen Lärm,
Empfinde ich Trauer und Scham, dann ist mein Sinn
zu Tod betrübt.

Es ist doch ein friedlicher Ort
Dort oben, eine Welt weit fort
Von Hass und Zorn, einsam und frei auf Silberschwingen.
Wie kann es dann nur möglich sein,
Dass sie vom Himmel Feuer spein
Und tausendfachen Tod und Qualen bringen?

Mit Ikarus und Dädalus, mit Leonardo haben wir,
So lange, wie's uns Menschen gibt, den Traum vom Fliegen
mitgeträumt.
Und kaum hat sich der Wunsch erfüllt, der uns der Freiheit
näherbringt,
Missbrauchen wir schon das Geschenk als Waffe und als
Mordwerkzeug.
Und wenn ich seh, was Menschen nun damit gemacht haben
bis heut,
Und was sie damit Menschen tun, dann bin ich nicht stolz,
Mensch zu sein.

Es ist doch ein friedlicher Ort
Dort oben, eine Welt weit fort
Von Hass und Zorn, einsam und frei auf Silberschwingen.
Wie kann es dann nur möglich sein,
Dass sie vom Himmel Feuer spein
Und tausendfachen Tod und Qualen bringen?

Bedenkt ihr, die ihr heut aufsteigt in waffenstarrendem Gerät,
Dass ihr die Bomben werfen müsst, fragt euch, ob ihr das wirklich wollt.
Bedenkt, ihr habt es in der Hand, zuletzt liegt es an euch allein,
Dass sich das Erbe Ikarus' nie und nie mehr mit Blut befleckt.
Bedenkt, das Glück des Fliegens ist doch eine Gnade, ein Geschenk,
Das uns menschlicher machen muss und nicht mit Schuld einhergehn kann.

Es ist doch ein friedlicher Ort
Dort oben, eine Welt weit fort
Von Hass und Zorn, einsam und frei auf Silberschwingen.
Wie kann es dann nur möglich sein,
Dass sie vom Himmel Feuer spein
Und tausendfachen Tod und Qualen bringen?

(1984)

Ein Stück Musik von Hand gemacht

Zur Blütezeit der Fast-Food-Zivilisation,
Der Einheitsmeinung, der Geschmacksautomation,
Der Plastikgefühle und der Hightech-Lust,
Der Wegwerfbeziehung mit dem Einweg-Frust,
Zur Zeit der Fertigträume aus der Traumfabrik,
Der Micky-Maus-Kultur und der Steckdosenmusik:

Da lob ich mir ein Stück Musik von Hand gemacht,
Noch von einem richt'gen Menschen mit dem Kopf erdacht,
'Ne Gitarre, die nur so wie 'ne Gitarre klingt,
Und 'ne Stimme, die sich anhört, als ob da jemand singt.
Halt ein Stück Musik aus Fleisch und Blut,
Meinetwegen auch mal mit 'nem kleinen Fehler, das tut gut.
Das geht los und funktioniert immer und überall,
Auch am Ende der Welt bei Nacht und Stromausfall!

Wenn der große, wilde Rock 'n' Roller rockt und rollt,
Mit der Wahnsinnslasershow über die Bühne tollt,
Wenn die Lautsprecher dröhnen und das Hallendach schwingt,
Dass mir der Bruch raustritt und die Brille springt,
Dann denk ich dran, dass, wenn jetzt jemand
an der Sichrung dreht,
Der Rockstar mucksmäuschenstill, lammfromm und
im Dustern steht.

Und dann lob ich mir ein Stück Musik von Hand gemacht,
Noch von einem richt'gen Menschen mit dem Kopf erdacht,
'Ne Gitarre, die nur so wie 'ne Gitarre klingt,
Und 'ne Stimme, die sich anhört, als ob da jemand singt.
Halt ein Stück Musik aus Fleisch und Blut,
Meinetwegen auch mal mit 'nem kleinen Fehler, das tut gut.
Das geht los und funktioniert immer und überall,
Auch am Ende der Welt bei Nacht und Stromausfall!

Wenn ich den Selbstentwerter im Omnibus
Nicht bedienen kann und wieder schwarzfahrn muss,
Wenn die Wasserwerke mir den Hahn zudrehn,
Weil ich's nicht lerne, die Computerrechnung zu verstehn,
Wenn ich einsehn muss, ich krieg den Hi-Fi-Turm nicht an,
Weil ich die Einschaltautomatik nun mal nicht einschalten kann:

Dann lob ich mir ein Stück Musik von Hand gemacht,
Noch von einem richt'gen Menschen mit dem Kopf erdacht,
'Ne Gitarre, die nur so wie 'ne Gitarre klingt,
Und 'ne Stimme, die sich anhört, als ob da jemand singt.
Halt ein Stück Musik aus Fleisch und Blut,
Meinetwegen auch mal mit 'nem kleinen Fehler, das tut gut.
Das geht los und funktioniert immer und überall,
Auch am Ende der Welt bei Nacht und Stromausfall!

Bis zum Tag, an dem man mich wegrationalisiert
Oder als nicht programmierbar einfach aussortiert,
Wenn der große Rechner kommt und alles überwacht,
Meine Vorlieben und Macken voll erfassbar macht,
Auch wenn ich schon ganz und gar maschinenlesbar bin
Mit 'nem Balkencode am Schniedel und 'ner Prüfziffer am Kinn:

Dann lob ich mir ein Stück Musik von Hand gemacht,
Noch von einem richt'gen Menschen mit dem Kopf erdacht,
'Ne Gitarre, die nur so wie 'ne Gitarre klingt,
Und 'ne Stimme, die sich anhört, als ob da jemand singt.
Halt ein Stück Musik aus Fleisch und Blut,
Meinetwegen auch mal mit 'nem kleinen Fehler, das tut gut.
Das geht los und funktioniert immer und überall,
Auch am Ende der Welt bei Nacht und Stromausfall!

(1985)

Das Foto vor mir auf dem Tisch

Das Foto vor mir auf dem Tisch
Ist längst vergilbt und altmodisch
In seinem Jugendstil-geschwung'nen Rahmen:
Ein kleines Mädchen jener Zeit
In einem weißen Spitzenkleid,
So wie auf manch alten Bonbonreklamen.
Ein kleiner, runder Kinderkopf,
Ein rabenschwarzer Lockenschopf
Und große, braune Augen, unbestritten,
Meine eigenen Züge sind
Dem kleinen Mädchen, wie ich find,
Wie man so sagt, aus dem Gesicht geschnitten.

Sie mag drei Jahr sein oder vier,
Welch eine Reise liegt vor ihr,
Welch langer Weg an ihrem Lebensmorgen.
Freude und Leid der Kinderzeit
In Güte und Geborgenheit,
Die Schule und damit die ersten Sorgen.
Der Erste Weltkrieg bricht herein,
Sie ziehen ihren Vater ein
Zum »ungedienten Landsturm«, wie sie's nennen,
Ihn, dessen Hände zur Musik
Viel besser taugen als zum Krieg,
Und sie lernt Hunger und Entbehrung kennen.

Kriegsende, Elend, Inflation,
Das Ende mancher Illusion
In Ungewissheit, Wirrwarr und Geschiebe.
Der Mut zu einem Neubeginn,
Die Ausbildung als Lehrerin,

Die erste und gleich die ganz große Liebe.
Die Feste in den Ateliers,
Die Bälle, die Künstlercafés,
Das Charlestonkleid, Stirnband und kurze Haare,
Und jeder Tag und jede Nacht
Wird wie ein Feuerwerk entfacht,
Es sind auch ihre wilden zwanz'ger Jahre!

Die Jugendliebe wird ihr Mann,
Im Beruf erkennt man sie an,
Ihr erstes Kind, ein Mädchen, wird geboren.
Doch Deutschland wird mobilgemacht,
Und wieder senkt sich tiefe Nacht
Über die Welt, und alles ist verloren.
Sie holen alle für den »Sieg«,
Und auch ihr Mann muss in den Krieg,
Sie selbst wird in Berlin zum Dienst verpflichtet,
Und als der Bombenhagel fällt,
Bringt sie mich eines Nachts zur Welt,
Im Klinikflur, so hat sie's mir berichtet.

Und nun wird alles doppelt schwer,
Allein in diesem Trümmermeer,
Es geht nur noch darum zu überleben.
Und dabei hat sie irgendwie,
Auch wenn der Himmel Feuer spie,
Mir Wärme und Geborgenheit gegeben.
Und dann im zerbombten Berlin
Mit mir von Tür zu Türe ziehn,
Manchmal gibt's was auf Lebensmittelkarten.
Sich nicht verliern in dem Gewirr,
'Ne Kelle Brei ins Kochgeschirr
Und wieder in endlosen Schlangen warten.

Aus ihren Kleidern macht sie mir
Mantel und Rock, und wenn ich frier,
Briketts aus den letzten Habseligkeiten.
Mit Liebe und aus nichts macht sie
Mir Spielzeug und mit Phantasie
Eine glückliche Zeit aus bitt'ren Zeiten.
Zum Avus-Rennen mit mir gehn,
Nach Tempelhof, die Flieger sehn,
Im Kaufhaus stundenlang Rolltreppe fahren.
Sie lehrt mich schwimmen und sogar,
Etwas verbot'ner Weise zwar,
Den Brezelkäfer fahren mit zwölf Jahren.

Und dann in meiner wilden Zeit,
Stur wie ein Bock, mit allen Streit,
Kein noch so guter Rat wird angenommen.
Nur ihrer, so ganz nebenher,
Sie lässt mir das Gefühl, als wär
Ich zu der Einsicht ganz allein gekommen.
Der erste eigne Weg ist schwer,
Weiß nicht, wie oft ich noch heimkehr,
Mit vollem Herzen und mit leeren Taschen.
Wie oft hat sie mir dann verdeckt
Manche Markfünfzig zugesteckt,
Den Koffer gepackt und mein Zeug gewaschen.

Nach Hause kommen, das tat gut.
Noch oft hat sie mir neuen Mut,
Ideen und Begeisterung gegeben.
Manch Beispiel von Großzügigkeit,
Die Lebensfreude zum Geleit,
Und manch gute Lektion blieb bei mir kleben.

Heute fällt ihr das Sehen schwer,
Die Augen sind so gut nicht mehr,
Und sie hat Mühe, ohne Glas zu lesen.
Das Leben währet achtzig Jahr,
Sagt man, und wenn es köstlich war,
Dann ist's, wie ihres, Müh und Last gewesen.

Die schwarzen Haare sind schlohweiß,
Und so schließt sich der Bilder Kreis,
Die sich für mich um ihr Kinderbild ranken.
Auch wenn's gar nichts zur Sache tut:
Ich schwör's, besäß ich einen Hut,
Dann zög ich ihn jetzt vor ihr in Gedanken.

(1985)

Nein, meine Söhne geb ich nicht

Ich denk, ich schreib euch besser schon beizeiten
Und sag euch heute schon endgültig ab,
Ihr braucht nicht lange Listen auszubreiten,
Um zu sehen, dass ich auch zwei Söhne hab.
Ich lieb die beiden, das will ich euch sagen,
Mehr als mein Leben, als mein Augenlicht,
Und die, die werden keine Waffen tragen,
Nein, meine Söhne geb ich nicht!

Ich habe sie die Achtung vor dem Leben,
Vor jeder Kreatur als höchsten Wert,
Ich habe sie Erbarmen und Vergeben
Und wo immer es ging, lieben gelehrt.
Nun werdet ihr sie nicht mit Hass verderben,
Kein Ziel und keine Ehre, keine Pflicht
Sind's wert, dafür zu töten und zu sterben,
Nein, meine Söhne geb ich nicht!

Ganz sicher nicht für euch hat ihre Mutter
Sie unter Schmerzen auf die Welt gebracht,
Nicht für euch und nicht als Kanonenfutter.
Nicht für euch hab ich manche Fiebernacht
Verzweifelt an dem kleinen Bett gestanden
Und kühlt ein kleines glühendes Gesicht,
Bis wir in der Erschöpfung Ruhe fanden,
Nein, meine Söhne geb ich nicht!

Sie werden nicht in Reih und Glied marschieren,
Nicht durchhalten, nicht kämpfen bis zuletzt,
Auf einem gottverlassnen Feld erfrieren,
Während ihr euch in weiche Kissen setzt.
Die Kinder schützen vor allen Gefahren
Ist doch meine verdammte Vaterpflicht,
Und das heißt auch, sie vor euch zu bewahren,
Nein, meine Söhne geb ich nicht!

Ich werde sie den Ungehorsam lehren,
Den Widerstand und die Unbeugsamkeit,
Gegen jeden Befehl aufzubegehren
Und nicht zu buckeln vor der Obrigkeit.
Ich werd sie lehrn, den eignen Weg zu gehen,
Vor keinem Popanz, keinem Weltgericht,
Vor keinem als sich selber gradzustehen,
Nein, meine Söhne geb ich nicht!

Und eher werde ich mit ihnen fliehen,
Als dass ihr sie zu euren Knechten macht,
Eher mit ihnen in die Fremde ziehen,
In Armut und wie Diebe in der Nacht.
Wir haben nur dies eine kurze Leben,
Ich schwör's und sag's euch grade ins Gesicht:
Sie werden es für euren Wahn nicht geben,
Nein, meine Söhne geb ich nicht!

(1985)

Ich weiß, dass auf der Straße hier kein einz'ger Baum mehr stand,
Ruinen in den Himmel ragten, schwarz und leergebrannt.
Und über Bombenkrater ging ein Wind von Staub und Ruß.
Ich stolperte in Schuhen, viel zu groß für meinen Fuß,
Neben meiner Mutter her, die Feldmütze über den Ohrn,
Es war Winter '46, ich war vier und hab gefrorn,
Über Trümmerfelder und durch Wälder von verglühtem Stahl,
Und wenn ich heut die Augen schließe, seh ich alles noch einmal.

Das war mein Berlin, mein Berlin, mein Berlin!
Den leeren Bollerwagen übers Kopfsteinpflaster ziehn –
Das war mein Berlin.

Da warn Schlagbäume, da waren Straßensperren über Nacht,
Dann das Dröhnen in der Luft, und da war die ersehnte Fracht
Der Dakotas und der Skymasters, und sie wendeten das Blatt,
Und wir ahnten, die Völker der Welt schauten auf diese Stadt.
Da warn auch meine Schultage in dem roten Backsteinbau,
Lange Strümpfe, kurze Hosen, und ich wurd und wurd nicht schlau.
Dann der Junitag, als der Potsdamer Platz in Flammen stand,
Ich sah Menschen gegen Panzer kämpfen mit der bloßen Hand.

Das war mein Berlin, mein Berlin, mein Berlin!
Menschen, die im Kugelhagel ihrer Menschenbrüder fliehn –
Das war mein Berlin.

Da war meine Sturm- und Drangzeit, und ich sah ein Stück der Welt,
Und kam heim und fand, die Hälfte meiner Welt war zugestellt,

Da warn Fenster hastig zugemauert, und bei manchem Haus
Wehten zwischen Steinen noch die Vorhänge zum Westen raus.
Wie oft hab ich mir die Sehnsucht, wie oft meinen Verstand,
Wie oft hab ich mir den Kopf an dieser Mauer eingerannt!
Wie oft bin ich dran verzweifelt, wie oft stand ich sprachlos da,
Wie oft hab ich sie gesehn, bis ich sie schließlich nicht mehr sah.

Das war mein Berlin, mein Berlin, mein Berlin!
Wachtürme, Kreuze, verwelkte Kränze, die die Stadt durchziehn –
Das war mein Berlin.

Da warn die sprachlosen Jahre, dann kam die Gleichgültigkeit,
Alte Narben, neue Wunden, dann kam die Zerrissenheit.
70er Demos und die 80er Barrikaden, Kreuzberg brennt!
An den Hauswänden Graffiti: »Steine sind kein Argument!«
Hab ich nicht die Müdigkeit und die Enttäuschung selbst gespürt?
Habe ich nicht in Gedanken auch mein Bündel schon geschnürt?
All die Reden, das Taktieren haben mir den Nerv geraubt,
Und doch hab ich wie ein Besessner an die Zukunft hier geglaubt.

Das war mein Berlin, mein Berlin, mein Berlin!
Widerstand und Widersprüche, Wirklichkeit und Utopien –
Das war mein Berlin.

Ich weiß, dass auf der Straße hier kein einz'ger Baum mehr stand,
Ruinen in den Himmel ragten, schwarz und leergebrannt.
Jetzt steh ich hier nach so viel Jahr'n und glaub es einfach nicht,
Die Bäume, die hier stehn, sind fast genauso alt wie ich.

Mein ganzes Leben hab ich in der halben Stadt gelebt,
Was sag ich jetzt, wo ihr mir auch die andre Hälfte gebt?
Jetzt steh ich hier, und meine Augen sehen sich nicht satt
An diesen Bildern: Freiheit, endlich Freiheit über meiner Stadt!

Das ist mein Berlin, mein Berlin, mein Berlin!
Gibt's ein schönres Wort für Hoffnung, aufrecht gehen,
nie mehr knien?
Das ist mein Berlin!

(1989)

Alle Soldaten wolln nach Haus

In K-Town, tief in Western Germany,
Zwischen Automarkt und Straßenstrich, in der Prärie
Steht Gabys Pizza Palace, und da beißt der GI
Frank Kowalski aus Fort Worth in seine Pizza-Pie.
Und er trinkt, bis ihm der Kopf auf die Theke fällt
In K-Town, Western Germany, am Ende der Welt.
In Texas ham sie zwei Uhr Nachmittag.
Wie hoch im Westen jetzt der Weizen stehen mag?
Und über Gabys Pizza Palace steht der bleiche Pfälzer Mond,
Und Kowalski ist jetzt endlich total zu und stoned.
»Fuck the Army«, lallt er schwankend und fällt dabei
Glatt auf den Knüppel der Militärpolizei.

Alle Soldaten wolln nach Haus,
Alle Soldaten wolln nach Haus.
Sie wolln die Uniform nicht mehr,
Den Stahlhelm und das Schießgewehr
Und auch nicht in den Kampf hinaus.
Soldaten wolln nur eins: Sie wolln nach Haus!

Bei Potsdam in der russischen Garnison
Streicht Igor in marxistischer Tradition
Die Kasernenmauer an in lebensfrohem Grau,
Die Farbe platzt gleich wieder ab, na klar, das weiß er genau.
Igor fährt Panzer, und wenn er nun den Pinsel schwingt,
Dann weil sein Schrotthaufen in Friedenzeiten nie anspringt.
Vielleicht kommt das Ersatzteil eines Tags mit der Bahn
An seinem Dorf vorbei im fernen Eriwan.
Da sitzen sie jetzt hinterm Ofen, und er streicht hier allein,
Und die Mütze ist so groß und seine Jacke so klein!
Und das Brudervolk lacht über ihn hinter der Hand,
Und ihm geht's wie dem Genossen einst am Wolgastrand.

Alle Soldaten wolln nach Haus,
Alle Soldaten wolln nach Haus.
Sie wolln die Uniform nicht mehr,
Den Stahlhelm und das Schießgewehr
Und auch nicht in den Kampf hinaus.
Soldaten wolln nur eins: Sie wolln nach Haus!

An der Grenze, die durch Deutschland und Deutschland geht,
Steht der NVA-Gefreite Jochen M. – und steht.
Und da steht er im Regen, und er steht auf'm Schlauch,
Und er steht sich die Beine in den volkseignen Bauch.
Und jetzt, wo hier keiner mehr in den Westen abhaut,
Von drüben keiner kommt und hier den Sozialismus klaut,
Wo kein Hund mehr nach der Grenze bellt, vergisst der Soldat
Ab und zu schon mal den Arbeiter- und Bauernstaat.
Dafür kommt ihm dann die junge Brigadeführerin
Aus der LPG »9. November« in den Sinn.
Und er träumt sich mit ihr an den schönsten Platz der Welt:
In eine Datsche am Stadtrand von Bitterfeld.

Alle Soldaten wolln nach Haus,
Alle Soldaten wolln nach Haus.
Sie wolln die Uniform nicht mehr,
Den Stahlhelm und das Schießgewehr
Und auch nicht in den Kampf hinaus.
Soldaten wolln nur eins: Sie wolln nach Haus!

Neunzehn Jahre alt ist Hinnerk Harms aus Leer,
Er hat anderthalb Jahre Bi-Ba-Bundeswehr.
Und die sind für ihn wie anderthalb Jahre Knast,
Es ist bitter zu wissen, was er draußen verpasst!
Während er hier einen streng geheimen Schlagbaum bewacht,
Wird da draußen getanzt und geliebt und gelacht.

Dafür lernt er endlich, wie man in die Pfütze fällt,
Wie man Männchen macht und Händchen an die Mütze hält.
Und Hinnerk Harms aus Leer, Ostfriesland, ist total frustriert,
»Mann, das nervt zu spürn, wie man hier seine Zeit verliert!«
Vielleicht in seinem ganzen Leben die beste Zeit
Für nichts und wieder nichts und Leer, Ostfriesland, ist weit.

Alle Soldaten wolln nach Haus,
Alle Soldaten wolln nach Haus.
Sie wolln die Uniform nicht mehr,
Den Stahlhelm und das Schießgewehr
Und auch nicht in den Kampf hinaus.
Soldaten wolln nur eins: Sie wolln nach Haus!

Der Präsident will auf dem roten Teppich gehn,
Der Kriegsminister eines Tags sein Denkmal sehn,
Der Rüstungsbonze will, dass alle Räder rolln,
Und jeder von den dreien will, dass die Soldaten das wolln.
Aber die das nicht mehr wollen, werden jeden Tag mehr,
Und diese Hoffnung, dieser Traum, ist gar nicht so verquer:
Frank Kowalski nimmt den Ghettoblaster und setzt
sich in Marsch,
Hinnerk Harms schnürt den Persilkarton und sagt: »☠ϟ✋ ★!«,
sagt er barsch.
Jochen M. eilt in die LPG zu seinem Schatz
Und meldet sich zum freiwilligen Ernteeinsatz.
Igor fällt mit einem Stoßseufzer der Pinsel aus der Hand,
Ja, Freunde, das, das ist der wahre Dienst am Vaterland!

Alle Soldaten wolln nach Haus,
Alle Soldaten wolln nach Haus.
Sie wolln die Uniform nicht mehr,
Den Stahlhelm und das Schießgewehr
Und auch nicht in den Kampf hinaus.

Alle Soldaten wolln nach Haus,
Am liebsten gleich und schnurstracks gradeaus.
Soldaten sind, man glaubt es nicht,
Aufs Sterben gar nicht so erpicht
Und auch nicht auf das Feld der Ehre aus,
Soldaten wolln nur eins: Sie wolln nach Haus!

(1989)

Kleines Mädchen

Das kleine Mädchen auf meinem Schoß
Plaudert und lacht und erzählt atemlos,
Singt und hält inne und spielt mit mir
Mit einem Finger auf dem Klavier.
Und Gedanken und Bilder, Erinnerungen ziehn
Durch meinen Sinn mit den holprigen Melodien.
Mir doch grad erst geschenkt, gestern kaum erst ein Jahr,
Und heut Spangen und Schleifen und Bänder im Haar.
Kleines Mädchen auf meinem Schoß
Schmieg dich an, wieg dich, ich lass dich nicht los.

Die Hand, die da über die Tasten spaziert,
Erlaubt mir heut noch, dass die meine sie führt.
Heute noch ist der Platz auf meinen Knien
Ein guter Hort, vor allem Kummer zu fliehn.
Heute seh ich dich noch fragend zu mir aufschaun,
Doch voll Ungeduld schon und voller Selbstvertraun
Beginnst du, dich Schritt für Schritt zu befrein,
Und den nächsten, den gehst du dann schon ganz allein.
Bald, kleines Mädchen auf meinem Schoß,
Bald, kleines Mädchen, so bald bist du groß.

Die Jahre vergehn, unsre Zeit fliegt dahin.
Wir drehn uns im Kreise, und das ist der Sinn:
Alles muss enden, und Neues beginnt.
Du bist der Morgen und frei wie der Wind.
Kinder sind uns ja nur für kurze Zeit geliehn,
Und sie sind ja gekommen, um weiterzuziehn.
Doch sie gehen zu lassen ist die schwerste Lektion,
Geduld, kleines Mädchen, ich lern sie ja schon.
Kleines Mädchen auf meinem Schoß,
Spring in den Reigen, ich lasse dich los.

(1989)

Du bist ein Riese, Max!

Kinder werden als Riesen geboren,
Doch mit jedem Tag, der dann erwacht,
Geht ein Stück von ihrer Kraft verloren,
Tun wir etwas, das sie kleiner macht.
Kinder versetzen so lange Berge,
Bis der Teufelskreis beginnt,
Bis sie wie wir erwachsne Zwerge,
Endlich so klein wie wir Großen sind!

Du bist ein Riese, Max, sollst immer einer sein!
Großes Herz und großer Mut und nur zur Tarnung nach
außen klein.
Du bist ein Riese, Max, mit deiner Phantasie!
Auf deinen Flügeln aus Gedanken kriegen sie dich nie!

Freiheit ist für dich durch nichts ersetzbar,
Widerspruch ist dein kostbarstes Gut.
Liebe macht dich unverletzbar
Wie ein Bad in Drachenblut.
Doch pass auf, die Freigeistfresser lauern
Eifersüchtig im Vorurteilsmief,
Ziehen Gräben und erdenken Mauern
Und Schubladen, wie Verliese so tief.

Du bist ein Riese, Max, sollst immer einer sein!
Großes Herz und großer Mut und nur zur Tarnung nach
außen klein.
Du bist ein Riese, Max, mit deiner Phantasie!
Auf deinen Flügeln aus Gedanken kriegen sie dich nie!

Keine Übermacht könnte dich beugen,
Keinen Zwang wüsst ich, der dich einzäunt.
Besiegen kann dich keiner, nur überzeugen.
Max, ich wäre gern dein Freund,
Wenn du morgen auf deinen Reisen
Siehst, wo die blaue Blume wächst,
Und vielleicht den Stein der Weisen
Und das versunkene Atlantis entdeckst!

Du bist ein Riese, Max, sollst immer einer sein!
Großes Herz und großer Mut und nur zur Tarnung nach außen klein.
Du bist ein Riese, Max, mit deiner Phantasie!
Auf deinen Flügeln aus Gedanken kriegen sie dich nie!

(1991)

Ich liebe dich

Ich hab unzähl'ge Seiten vollgeschrieben,
Ich habe mir Geschichten ausgedacht,
Bin keine Antwort schuldig geblieben,
Ich hab den Denker und den Clown gemacht.
Ich habe Weisheiten von mir gegeben
Und dabei manche Torheit, wie's mir scheint,
Ich hab geredet, als ging's um mein Leben,
Und doch nur immer eins gemeint:

Ich liebe dich,
Ich brauche dich,
Vertrau auf dich,
Ich bau auf dich,
Wollte nicht leben ohne dich –
Ich liebe dich.

Ich hab versucht, in immer neuen Bildern
Zu sprechen, doch jetzt geht die Zeit mir aus.
Ich kann nicht mehr um sieben Ecken schildern,
Ich sag es einfach und gradeheraus.
Ich sag es einfach, und ich schreibe
Auf deinen Spiegel, auf die Wand,
Auf die beschlagene Fensterscheibe,
Wofür ich so viel Umwege erfand:

Ich liebe dich,
Ich brauche dich,
Vertrau auf dich,
Ich bau auf dich,
Wollte nicht leben ohne dich –
Ich liebe dich.

Manchmal seh ich uns beide in Gedanken
Auf einem menschenleeren Bahnsteig stehn,
Zwischen uns unsichtbare Schranken,
Und einer bleibt, einer muss gehn.
Lautsprecherstimmen und Türenschlagen
Und Winken aus dem anfahrenden Zug –
Ich will's immer und immer wieder sagen,
Und sag es dir doch nie genug:

Ich liebe dich,
Ich brauche dich,
Vertrau auf dich,
Ich bau auf dich,
Wollte nicht leben ohne dich –
Ich liebe dich.

(1991)

Ich seh noch, wie mein Vater aussteigt aus dem
6-Uhr-20-Vorortszug
Mit der abgewetzten Aktenmappe und dem grauen Mantel,
den er trug.
Jeden Abend stand ich da am Bahnhof, ich war grade
neun oder zehn,
Und ich war stolz, den staub'gen Siedlungsweg lang
neben ihm zu gehn.
Und dann musst er mir jeden Abend die immer gleiche
Geschichte erzähln:
Wie einmal alles mit uns werden würde, und da durfte
kein Wort fehln.
Und immer vor der Haustür musst er sagen:
»Eines Tages wirst du sehn,
Da werden wir beide hier vorfahrn in einem schneeweißen
51er Kapitän!

Und die Sitze sind aus rotem Leder, und der Himmel
ist wie ein Dom,
Und der Lack glänzt in der Sonne, und überall funkelt Chrom.
Die Motorhaube nimmt kein Ende, und die Kühlerfigur blitzt,
Und du glaubst, du würdest schweben, wenn du hinterm
Lenkrad sitzt!«
Ich hatte eine schwarze Trainingshose, und mein Vater
besaß ein Paar Schuh,
Aber wenn er so erzählte, dann fehlte nicht mehr viel dazu,
Und wenn ich meine Augen schloss, dann konnt ich uns
wirklich sehn:
Meinen Vater und mich vor der Haustür in einem
schneeweißen 51er Kapitän!

Nun, es kamen andre Zeiten, es ging voran und irgendwann
Kam mein Vater dann tatsächlich eines Abends mit einem Auto an.
Es war ein steinalter Olympia, bei dem immer der Gaszug riss,
Bei dem nie die Heizung ausging, im Grunde war das ein Totalbeschiss.
Meinem Vater aber war er gut genug, das war genau seine Art,
An sich selber immer rumzuknausern, an uns hat er nie gespart.
Mir jede Chance im Leben geben, mich einmal auf dem Treppchen zu sehn,
Das war es: Der totale Luxus war sein schneeweißer 51er Kapitän.

Er hat nie mehr davon gesprochen, doch ich weiß, er hat davon geträumt.
Vielleicht war das so ein Symbol für eine Chance, die man versäumt.
Heut würd ich ihm gern einen schenken, ich weiß sogar, wo einer steht:
Rotes Leder, Weißwandreifen, und sogar das Radio geht.
Mein Vater ist vor ein paar Jahr'n gestorben, es hat nicht hingehaun diesmal,
Nicht einmal auf seiner letzten Fahrt, da war's ein schwarzer Admiral.
Aber wenn es einen Himmel geben sollte, dann werd ich ihn endlich sehn,
Denn dann holt mein alter Herr mich ab in einem schneeweißen 51er Kapitän!

(1993)

Sie warn voller Neugier, sie warn voller Leben,
Die Kinder, und sie waren vierundvierzig an der Zahl.
Sie warn genau wie ihr, sie warn wie alle Kinder eben,
Im Haus in Izieu, hoch überm Rhônetal.
Auf der Flucht vor den Deutschen zusammengetrieben,
Und hinter jedem Namen steht bitteres Leid,
Alle sind ganz allein auf der Welt geblieben,
Aneinandergelehnt in dieser Mörderzeit.
Im Jahr '44, der Zeit der fleiß'gen Schergen,
Der Spitzel und Häscher, zur Menschenjagd bestellt.
Hier wird sie keiner suchen, hier oben in den Bergen,
Die Kinder von Izieu, hier am Ende der Welt.

Joseph, der kann malen, Landschaften mit Pferden,
Théodore, der den Hühnern und Kühn das Futter bringt,
Liliane, die so schön schreibt, sie soll einmal Dichterin werden,
Der kleine Raoul, der den lieben langen Tag über singt.
Und Elie, Sami, Max und Sarah, wie sie alle heißen,
Jedes hat sein Talent, seine Gabe, seinen Part.
Jedes ist ein Geschenk, und keines wird man denen entreißen,
Die sie hüten und lieben, ein jedes auf seine Art.
Doch es schwebt über jedem Spiel längst eine böse Ahnung,
Die Angst vor Entdeckung über jedem neuen Tag,
Und hinter jedem Lachen klingt schon die dunkle Mahnung,
Dass jedes Auto, das kommt, das Verhängnis bringen mag.

Am Morgen des Gründonnerstag sind sie gekommen,
Soldaten in langen Mänteln und Männer in Zivil.
Ein Sonnentag, sie haben alle, alle mitgenommen,
Auf Lastwagen gestoßen und sie nannten kein Ziel.
Manche fingen in ihrer Verzweiflung an zu singen,

Manche haben gebetet, wieder andre blieben stumm.
Manche haben geweint, und alle, alle gingen
Den gleichen Weg in ihr Martyrium.
Die Chronik zeigt genau die Listen der Namen,
Die Nummer des Waggons, und an welchem Zug er hing.
Die Nummer des Transports, mit dem sie ins Lager kamen,
Die Chronik zeigt, dass keines den Mördern entging.

Heute hör ich, wir solln das in die Geschichte einreihen,
Und es muss doch auch mal Schluss sein, endlich,
nach all den Jahrn.
Ich rede und ich singe und wenn es sein muss,
werd ich schreien,
Damit unsre Kinder erfahrn, wer sie warn:
Der Älteste war siebzehn, der Jüngste grad vier Jahre,
Von der Rampe in Birkenau in die Gaskammern geführt.
Ich werd sie mein Leben lang sehn und bewahre
Ihre Namen in meiner Seele eingraviert.
Sie warn voller Neugier, sie warn voller Leben,
Die Kinder, und sie waren vierundvierzig an der Zahl.
Sie warn genau wie ihr, sie warn wie alle Kinder eben,
Im Haus in Izieu, hoch überm Rhônetal.

(1993)

Leb wohl, adieu, gute Nacht

Hab den Gardrobenschlüssel steckenlassen,
Im Fortgehn seh ich noch einmal
Durch die verwaisten Bühnengassen
In den großen, dunklen, leeren Saal.
Vor ein paar Stunden bin ich hier gestorben
Vor diesem lauernden, kauernden Tier.
Ich hab's geliebt, ich hab es umworben,
Und es war gut und freundlich zu mir.
Jetzt brennt noch eine düstre Arbeitslampe
Nach all der Scheinwerferpracht,
Ich geh noch einmal nach vorn an die Rampe,
Leb wohl, adieu, gute Nacht.

Merkwürd'ge Stille und verlass'ne Stühle,
Die Luft ist feucht, warm und verbraucht.
Menschen haben dem Saal ihre Gefühle
Und ihre Wärme eingehaucht.
Ich hab mich angezündet und gehäutet
In Kaskaden gleißenden Lichts,
Mit euch hat mir der Saal die Welt bedeutet,
Ohne euch bedeutet er nichts.
Jetzt sind dies wieder ganz profane Bretter,
Gleich wird hier der Kehraus gemacht.
Scherben, Papier und ein paar Blumenblätter,
Leb wohl, adieu, gute Nacht.

Ich habe mich heute mit voller Kehle
An euch betrunken und berauscht,
Ich habe heute ein Stück meiner Seele
Für eure Liebe eingetauscht.

Ihr seid zurückgekehrt in euer Leben,
Ich kehre zurück in meins
Aus diesem Saal, wo wir noch eben
So verschieden waren und doch eins.
Doch einen Schritt auf so verschied'nen Wegen
Haben wir zusammen gemacht
Und kamen einander von ferne entgegen,
Leb wohl, adieu, gute Nacht.

Worte und Lieder sind nun lang verklungen,
Lange verklungen der Applaus,
Sie sind schon ferne Erinnerungen,
Ich bin ein Fremder in dem stillen Haus.
Ich will den Zauber nur noch einmal spüren
Und finde ihn schon nicht mehr.
Der Plan für morgen hängt schon an den Türen,
Ich gehöre schon nicht mehr hierher,
»Beginn 20 Uhr« kann ich grad noch lesen,
Ich schließ die Bühnentür ganz sacht.
Heute bin ich hier glücklich gewesen,
Leb wohl, adieu, gute Nacht.

(1993)

Ein Wahlplakat, zerrissen auf dem nassen Rasen,
Sie grinsen mich an, die alten aufgeweichten Phrasen,
Die Gesichter von auf jugendlich gemachten Greisen,
Die dir das Mittelalter als den Fortschritt anpreisen.
Und ich denk mir, jeder Schritt zu dem verheißnen Glück
Ist ein Schritt nach ewig gestern, ein Schritt zurück.
Wie sie das Volk zu Besonnenheit und Opfern ermahnen,
Sie nennen es das Volk, aber sie meinen Untertanen.
All das Leimen, das Schleimen ist nicht länger zu ertragen,
Wenn du lernst zu übersetzen, was sie wirklich sagen,
Der Minister nimmt flüsternd den Bischof beim Arm:
Halt du sie dumm – ich halt sie arm!

Sei wachsam,
Präg dir die Worte ein!
Sei wachsam,
Und fall nicht auf sie rein!
Pass auf, dass du deine Freiheit nutzt,
Die Freiheit nutzt sich ab, wenn du sie nicht nutzt!
Sei wachsam,
Merk dir die Gesichter gut!
Sei wachsam,
Bewahr dir deinen Mut!
Sei wachsam
Und sei auf der Hut!

Du machst das Fernsehen an, sie jammern nach guten,
alten Werten,
Ihre guten, alten Werte sind fast immer die verkehrten.
Und die, die da so vorlaut in der Talkrunde strampeln,
Sind es, die auf allen Werten mit Füßen rumtrampeln:

Der Medienmogul und der Zeitungszar,
Die schlimmsten Böcke als Gärtner, na wunderbar!
Sie rufen nach dem Kruzifix, nach Brauchtum und
nach guten Sitten,
Doch ihre Botschaft ist nichts als Arsch und Titten.
Verrohung, Verdummung, Gewalt sind die Gebote,
Ihre Götter sind Auflage und Einschaltquote.
Sie biegen die Wahrheit und verdrehen das Recht,
So viel gute alte Werte, echt, da wird mir echt schlecht!

Sei wachsam,
Präg dir die Worte ein!
Sei wachsam,
Und fall nicht auf sie rein!
Pass auf, dass du deine Freiheit nutzt,
Die Freiheit nutzt sich ab, wenn du sie nicht nutzt!
Sei wachsam,
Merk dir die Gesichter gut!
Sei wachsam,
Bewahr dir deinen Mut!
Sei wachsam
Und sei auf der Hut!

Es ist ’ne Riesenkonjunktur für Rattenfänger,
Für Trittbrettfahrer und Schmiergeldempfänger,
’Ne Zeit für Selbstbediener und Geschäftemacher,
Scheinheiligkeit, Geheuchel und Postengeschacher.
Und die sind alle hochgeachtet und sehr anerkannt,
Und nach den Schlimmsten werden Straßen und Flugplätze
benannt.
Man packt den Hühnerdieb, den Waffenschieber
lässt man laufen,
Kein Pfeifchen Gras, aber ’ne ganze Giftgasfabrik
kannst du kaufen.

Verseuch die Luft, verstrahl das Land, mach ungestraft
den größten Schaden,
Nur lass dich nicht erwischen bei Sitzblockaden!
Man packt den Grünfried, doch das Umweltschwein
genießt Vertraun,
Und die Polizei muss immer auf die Falschen draufhaun.

Sei wachsam,
Präg dir die Worte ein!
Sei wachsam,
Und fall nicht auf sie rein!
Pass auf, dass du deine Freiheit nutzt,
Die Freiheit nutzt sich ab, wenn du sie nicht nutzt!
Sei wachsam,
Merk dir die Gesichter gut!
Sei wachsam,
Bewahr dir deinen Mut!
Sei wachsam
Und sei auf der Hut!

Wir ham ein Grundgesetz, das soll den Rechtsstaat garantieren,
Was hilft's, wenn sie nach Lust und Laune dran manipulieren,
Die Scharfmacher, die immer von der Friedensmission quasseln
Und unterm Tisch schon emsig mit dem Säbel rasseln?
Der alte Glanz in ihren Augen beim großen Zapfenstreich,
Abteilung kehrt, im Gleichschritt Marsch, ein Lied und
heim ins Reich!
»Nie wieder soll von diesem Land Gewalt ausgehen!«
»Wir müssen Flagge zeigen, dürfen nicht beiseitestehen!«
»Rein humanitär natürlich und ganz ohne Blutvergießen!«
»Kampfeinsätze sind jetzt nicht mehr so ganz
auszuschließen!«
Sie zieh'n uns immer tiefer rein, Stück für Stück,
Und seit heute früh um fünf Uhr schießen wir wieder zurück!

Sei wachsam,
Präg dir die Worte ein!
Sei wachsam,
Und fall nicht auf sie rein!
Pass auf, dass du deine Freiheit nutzt,
Die Freiheit nutzt sich ab, wenn du sie nicht nutzt!
Sei wachsam,
Merk dir die Gesichter gut!
Sei wachsam,
Bewahr dir deinen Mut!
Sei wachsam
Und sei auf der Hut!

Ich hab Sehnsucht nach Leuten, die mich nicht betrügen,
Die mir nicht mit jeder Festrede die Hucke voll lügen,
Und verschon mich mit den falschen Ehrlichen,
Die falschen Ehrlichen, die wahren Gefährlichen!
Ich hab Sehnsucht nach einem Stück Wahrhaftigkeit,
Nach 'nem bisschen Rückgrat in dieser verkrümmten Zeit.
Doch sag die Wahrheit, und du hast bald nichts mehr zu lachen,
Sie werdn dich ruiniern, exekutiern und mundtot machen,
Erpressen, bestechen, versuchen, dich zu kaufen.
Wenn du die Wahrheit sagst, lass draußen den Motor laufen,
Dann sag sie laut und schnell, denn das Sprichwort lehrt:
Wer die Wahrheit sagt, braucht ein verdammt schnelles Pferd.

Sei wachsam,
Präg dir die Worte ein!
Sei wachsam,
Und fall nicht auf sie rein!
Pass auf, dass du deine Freiheit nutzt,

Die Freiheit nutzt sich ab, wenn du sie nicht nutzt!
Sei wachsam,
Merk dir die Gesichter gut!
Sei wachsam,
Bewahr dir deinen Mut!
Sei wachsam
Und sei auf der Hut!

(1995)

Gib mir Musik!

In der zugigen Markthalle, die auf meinem Schulweg lag,
War ein kleiner Plattenladen, bei dem lief den ganzen Tag
Ein Zehn-Schellack-Plattenwechsler, und dabei war auch
ein Lied,
So ein Lied, wo es dich packt, dass du nicht weißt,
wie dir geschieht.
Und da stand ich starr und hörte, und mir blieb
gar keine Wahl,
Ich musst es wieder hörn und wieder, noch einmal
und noch einmal.
Aber dafür hieß es warten, zehn Lieder hin und zehn zurück,
Jedes Mal 'ne knappe Stunde für knapp drei Minuten Glück.
Das gab Ärger in der Schule, doch ich hab mich nicht beschwert,
Die Musik war all die Nerverei und alle Schläge wert!

Gib mir Musik! Alles Gemeine ist verklungen,
All die Hänselein, die Misserfolge, die Demütigungen.
Und die bittre Niederlage ist in Wirklichkeit ein Sieg –
Gib mir Musik!

In der ersten Frühmaschine zwischen Frankfurt und Berlin,
Eingekeilt zwischen zwei Businessmen, das Frühstück
auf den Knien,
Den Walkman auf den Ohren, die Musik ist klar und laut,
Und ich wag es kaum zu atmen, und ich spür die Gänsehaut,
Wie ein mächt'ger Strom von Wärme mich mit der Musik
durchfließt,
Wie mir plötzlich, unwillkürlich Wasser in die Augen schießt.
Und ich weiß, ich hab natürlich kein Taschentuch im Jackett,
Und ich wein einfach drauflos und auf mein Frühstückstablett.
Links und rechts die Nadelstreifen, und ich heulend mittendrin.
Ob die Guten sich wohl vorstelln können, wie glücklich ich bin?

Gib mir Musik, um mir ein Feuer anzuzünden,
Um die dunklen Tiefen meiner Seele zu ergründen,
Meine Lust und meine Schmerzen, Narben, die ich mir
selbst verschwieg –
Gib mir Musik!

So ein Tag, wo dir das Leben scheinbar durch die Finger rinnt,
All die kühnen Pläne über Nacht zu Staub geworden sind,
Wo dir Scharlatan und Wünschelrutengänger offenbarn,
Dass von nun an dir nur noch Geisterfahrer entgegenfahrn.
So ein Tag, an dem du denkst, es ist total egal zum Schluss,
Welches Fensterkreuz man auswählt, wenn man sich
erhängen muss.
Wenn von deinen stolzen Fahnen dir nur noch die weiße bleibt,
Wenn der letzte Strohhalm, nach dem du greifst, vorübertreibt,
Dann ist da eine Magie, kommt ein Geschenk, ein Zauberding,
Und das hält dich und das wird dich tragen wie ein
Rettungsring.

Gib mir Musik! Die Träume, die längst aufgegeben,
Verschüttet in mir verdorrn, beginnen wieder aufzuleben,
Und ich weiß, dass ich jede verlorne Chance noch
einmal krieg –
Gib mir Musik!

(1995; dritte Strophe von 2011)

Das Quecksilber fällt, die Zeichen stehen auf Sturm,
Nur blödes Kichern und Keifen vom Kommandoturm,
Und ein dumpfes Mahlen grollt aus der Maschine.
Und Rollen und Stampfen und schwere See,
Die Bordkapelle spielt »Humbatäterä«,
Und ein irres Lachen dringt aus der Latrine.
Die Ladung ist faul, die Papiere fingiert,
Die Lenzpumpen leck und die Schotten blockiert,
Die Luken weit offen, und alle Alarmglocken läuten.
Die Seen schlagen mannshoch in den Laderaum,
Und Elmsfeuer züngeln vom Ladebaum,
Doch keiner an Bord vermag die Zeichen zu deuten.

Der Steuermann lügt, der Kapitän ist betrunken,
Und der Maschinist in dumpfe Lethargie versunken,
Die Mannschaft lauter meineidige Halunken,
Der Funker zu feig, um SOS zu funken.
Klabautermann führt das Narrenschiff
Volle Fahrt voraus und Kurs aufs Riff.

Am Horizont wetterleuchten die Zeichen der Zeit:
Niedertracht und Raffsucht und Eitelkeit.
Auf der Brücke tummeln sich Tölpel und Einfaltspinsel.
Im Trüben fischt der scharf gezahnte Hai,
Bringt seinen Fang ins Trockne, an der Steuer vorbei,
Auf die Sandbank, bei der wohlbekannten Schatzinsel.
Die andern Geldwäscher und Zuhälter, die warten schon,
Bordellkönig, Spielautomatenbaron,
Im hellen Licht, niemand muss sich im Dunkeln rumdrücken
In der Bananenrepublik, wo selbst der Präsident
Die Scham verloren hat und keine Skrupel kennt,
Sich mit dem Steuerdieb im Gefolge zu schmücken.

Der Steuermann lügt, der Kapitän ist betrunken,
Und der Maschinist in dumpfe Lethargie versunken,
Die Mannschaft lauter meineidige Halunken,
Der Funker zu feig, um SOS zu funken.
Klabautermann führt das Narrenschiff
Volle Fahrt voraus und Kurs aufs Riff.

Man hat sich glatt gemacht, man hat sich arrangiert,
All die hohen Ideale sind havariert.
Und der große Rebell, der nicht müd wurde zu streiten,
Mutiert zu einem servilen, gift'gen Gnom
Und singt lammfromm vor dem schlimmen alten Mann in Rom
Seine Lieder, fürwahr: Es ändern sich die Zeiten!
Einst junge Wilde sind gefügig, fromm und zahm,
Gekauft, narkotisiert und flügellahm,
Tauschen Samtpfötchen für die einst so scharfen Klauen.
Und eitle Greise präsentiern sich keck
Mit immer viel zu jungen Frauen auf dem Oberdeck,
Die ihre schlaffen Glieder wärmen und ihnen das Essen vorkauen.

Der Steuermann lügt, der Kapitän ist betrunken,
Und der Maschinist in dumpfe Lethargie versunken,
Die Mannschaft lauter meineidige Halunken,
Der Funker zu feig, um SOS zu funken.
Klabautermann führt das Narrenschiff
Volle Fahrt voraus und Kurs aufs Riff.

Sie rüsten gegen den Feind, doch der Feind ist längst hier,
Er hat die Hand an deiner Gurgel, er steht hinter dir,
Im Schutz der Paragraphen mischt er die gezinkten Karten.
Jeder kann es sehen, aber alle sehen weg,
Und der Dunkelmann kommt aus seinem Versteck
Und dealt unter aller Augen vor dem Kindergarten.

Der Ausguck ruft vom höchsten Mast: Endzeit in Sicht!
Doch sie sind wie versteinert und sie hören ihn nicht,
Sie ziehn wie Lemminge in willenlosen Horden.
Es ist, als hätten alle den Verstand verlorn,
Sich zum Niedergang und zum Verfall verschworn,
Und ein Irrlicht ist ihr Leuchtfeuer geworden.

Der Steuermann lügt, der Kapitän ist betrunken,
Und der Maschinist in dumpfe Lethargie versunken,
Die Mannschaft lauter meineidige Halunken,
Der Funker zu feig, um SOS zu funken.
Klabautermann führt das Narrenschiff
Volle Fahrt voraus und Kurs aufs Riff.

(1997)

Das Auto kam mir voll auf meiner Seite entgegen,
Wie lange hab ich unter dem Motorrad gelegen?
Die Welt verschwimmt vor dem beschlagenen Visier.
Viele kleine Englein singen, und die Sterne funkeln,
Petrus kichert leis, aber da im Dunkeln
Kniet ein großer, schwarzer Biker neben mir.
Wuchtet die schwere Maschine locker von mir runter,
Legt den zusammengerollten Regenkombi unter
Meinen Helm, und langsam wird es wieder hell.
Das Bild wird scharf, und was ich seh, ist unbeschreiblich:
Der Biker ist 'ne Bikerin, der Kerl ist weiblich!
Hey, ist das nicht meine alte Freundin Annabelle?!

Annabelle, diesmal machen wir zwei es richtig,
Was mal schiefgegangen ist, ist nicht so wichtig,
Diesmal Annabelle, diesmal treiben wir's bunt!
Vergiss meine Wortspiele mit deinem Namen,
Mach mir noch ein paar Erste-Hilfe-Maßnahmen,
Dann beatme mich noch etwas Mund zu Mund!

Mit einem klugen Griff – das kann sie, keine Frage –
Bringt sie mich sanft in die stabile Seitenlage.
»Annabelle, was ich dir schon seit 30 Jahren sagen will:
Ich glaub, ich habe da bei dir was gutzumachen,
Ich habe damals, nur damit die Leute lachen …«
Sie legt mir den Finger auf den Mund: »Still jetzt, ganz still!«
Kein Wort mehr über mehr oder wen'ger gescheite
Sprüche, über Beifall von der falschen Seite,
Keine Vorwürfe, keine Entschuldigung.
So warn die Zeiten halt, so ist das Leben,
Wer viel hinlangt, der langt auch schon mal daneben,
Und ich war ganz ehrlich, ganz sicher, ganz dumm und ganz jung.

Annabelle, diesmal machen wir zwei es richtig,
Witzigkeit ist diesmal nicht so furchtbar wichtig,
Diesmal, Annabelle, diesmal war es verdammt knapp.
Lass uns die Gelegenheit beim Schopfe packen,
Leg deinen Arm noch mal unter meinen Nacken
Und nimm mir alten Schelm den kaputten Helm und
die Beichte ab!

Deine Ideale, will mir heute scheinen,
Waren gar nicht so weit weg von meinen,
Doch das zuzugeben war ich viel zu blöd und stolz.
Kleinliche Polemik, sinnloses Gestreite –
Eigentlich standen wir beide auf derselben Seite,
Eigentlich waren wir beide aus demselben Holz.
Inzwischen hatten ein paar Autos angehalten,
Und ein Dutzend dumpfe, untät'ge Gestalten
Begann, sich gaffend und schwatzend um uns herumzuscharn.
Ich sah von unten rauf in ihre Nasen
Und las in ihren Glotzaugen wie in Sprechblasen:
»Was müssen zwei so alte Säcke auch noch mit'em
Mopped fahrn!«

Annabelle, diesmal machen wir zwei es richtig,
Diesmal sind wir beide völlig uneinsichtig,
Diesmal, Annabelle, stehen wir mit dem Rücken zur Wand.
Andre werden klüger, andre werden milder,
Andern falln die Zähne aus, komm lass uns wilder
Werden und lass noch deine Hand unter mein'm Verband!

Zwei wie du und ich, wir mussten einfach Funken schlagen,
Konnten, auch wenn wir's dachten, nicht dasselbe sagen,
Dabei wusstest du: Ich war der erste Feminist!
Zwei wie du und ich, uneins, doch unzertrennlich,
Sicher wusst ich immer schon: Irren ist männlich,

Und ich wusste, dass die Zukunft weiblich ist.
Blaulicht und Sirene und Rettungswagen –
»Pfoten weg und wagt es nicht, mich abzutragen!«
Ich bleib hier, den Kopf in deinem Schoß!
Tropf am Haken, Anschnallgurte, Milchglasscheiben,
Einer soll da rein, einer soll draußen bleiben?
Annabelle, verdammt, lass mich jetzt bloß nicht los!

Annabelle, diesmal machen wir zwei es richtig,
Ideologie ist diesmal nicht so wichtig –
Annabelle, wir hab'n uns viel zu lang verkohlt.
Männer und Frau'n passen vielleicht nicht zusammen,
Aber meine allerschönsten Schrammen
Habe ich mir in diesem Duell, Annabelle, bei dir geholt.

(1997)

Es ist immer zu spät

Es ist immer zu spät,
Ungläubig siehst du zu.
Es ist immer zu spät,
Die Dinge sind schneller als du.
Die Zeit ist immer zu knapp,
Schreib deinen Brief noch heut und lauf,
Gib ihn heute noch ab,
Es wartet jemand darauf,
Mit Bangen und Hoffen,
Die Arme weit offen,
Doch die Zeit kommt dir zuvor,
Und wieder stehst du vor
Verschlossenem Tor.
Es ist immer zu spät.

Es ist immer zu spät,
Wie du dich sträubst, egal.
Es ist immer zu spät,
Es gibt kein nächstes Mal.
Du bist so nah dran,
Steh auf, da ist ein Telefon,
Nimm deinen Mut, ruf einfach an,
So lange warten sie schon.
Du kannst sie noch erreichen,
Gib nur ein Lebenszeichen,
Ja, sofort, ja, nachher –
Sie warten nicht mehr,
Das Zimmer ist leer.
Es ist immer zu spät.

Es ist immer zu spät, du hast es nicht gewagt,
Dein »Ich liebe dich« bleibt immer ungesagt.
Den versprochnen Besuch hast du nicht gemacht,
Du hast nicht mehr an ihrem Bett gewacht.
Du hast die Blume nicht ins Haus gebracht
Vorm ersten Frost in der sternklaren Nacht.
Es ist immer zu spät.

Es ist immer zu spät,
Die Chance ist schon verpasst.
Es ist immer zu spät,
Wenn du begriffen hast.
Die Bitte zu verzeihn,
Die du zögernd verdrängst,
Sprich sie aus und lenk ein,
Du wolltest es längst,
Du musst sie jetzt sagen
Oder ewig rumtragen,
Deine Worte: Verzeih!
Hätt ich doch! – Einerlei.
Könnt ich doch noch …
– Vorbei.

(1997)

Viertel vor sieben

Dunkle Regenwolken sind aufgezogen,
Die Dämmrung fällt auf einmal ganz schnell.
Überm Stahlwerk flackert blau der Neonbogen,
Die Fenster im Ort werden hell.
»Wo hast du dich nur wieder rumgetrieben,
Zieh die klatschnassen Schuh erstmal aus!«
Manchmal wünscht ich, es wär noch mal Viertel vor sieben,
Und ich wünschte, ich käme nach Haus.
Und es soll Sonnabend sein, und es soll Topfkuchen geben,
Und der soll schon auf dem Küchentisch stehn
Und eine Kanne Kakao und meine Tasse daneben,
Und ich darf die braune Backform umdrehn.
Schokoladenflocken mit der Raspel gerieben
In der Schaumkrone meines Kakaos –
Manchmal wünscht ich, es wär noch mal Viertel vor sieben,
Und ich wünschte, ich käme nach Haus.

Ein Brief zwischen Zeitung und Werbung im Kasten
Erschüttert dein Fundament:
Anna und Hans, die so gut zusammenpassten,
Haben sich einfach getrennt.
Wie hast du sie beneidet, zwei, die sich so lieben!
Und plötzlich ist doch alles aus.
Manchmal wünscht ich, es wär noch mal Viertel vor sieben,
Und ich wünschte, ich käme nach Haus.
Und Vater soll im Wohnzimmer Radio hörn
In den steinalten Grundig versenkt.
Und die Haltung sagt mir: Bloß jetzt nicht störn!
Und wenn er den Blick auf mich lenkt,
Mit der vorwurfsvoll'n Geste die Brille hochschieben,
»Menschenskind, wie siehst du wieder aus!«
Manchmal wünscht ich, es wär noch mal Viertel vor sieben,
Und ich wünschte, ich käme nach Haus.

Das Fell wird dünner und leerer der Becher,
Der Zaubertrank wirkt nur noch schwer.
Der Kummer ist tiefer, der Trost scheint schwächer,
Und es heilt nicht alles mehr.
Wo ist meine Sorglosigkeit geblieben,
Was machte Erkenntnis daraus?
Manchmal wünscht ich, es wär noch mal Viertel vor sieben,
Und ich wünschte, ich käme nach Haus.
Nur einen Augenblick noch mal das Bündel ablegen
Und mit argslosem Übermut
Durch dunkle Wege der Zuflucht entgegen,
Und glauben können: Alles wird gut!
Manchmal wünscht ich, die Dinge wärn so einfach geblieben
Und die Wege gingen nur gradeaus,
Manchmal wünscht ich, es wär noch mal Viertel vor sieben,
Und ich wünschte, ich käme nach Haus.

(1997)

Lass Liebe auf uns regnen

Wir lieben uns fünfundzwanzig Jahr,
Das ist nicht leicht zu glauben.
Wir sind ein altes Liebespaar,
Zwei alte Turteltauben.
Der Wind zerzaust uns das Gefieder,
Und wir halten einander warm.
Die Abenddämmerung sinkt nieder,
Nimm mich in deinen Arm.

Lass Liebe auf uns regnen,
Lass es gießen und uns segnen,
Lass uns immer neu begegnen –
Lass es immer so sein.

Wir haben uns auf den Weg gemacht,
Das große Abenteuer:
Jeder Tag eine Hochzeitsnacht,
Jede ein Freudenfeuer!
Wir hatten keine Angst vor morgen,
Wir hatten keine Garantie,
Und warn doch arglos, ohne Sorgen:
Die Liebe endet nie!

Lass Liebe auf uns regnen,
Lass es gießen und uns segnen,
Lass uns immer neu begegnen –
Lass es immer so sein.

Hast du nicht manchen Tag gedacht,
Du müsstest mich verlassen?
Lag ich nicht wach in mancher Nacht
Und wünscht, ich könnt dich hassen?
Doch alle Wunden, alle Schrammen
Aus mancher Fehde, mancher Schlacht
Haben uns nur fester zusammen, zueinander gebracht!

Lass Liebe auf uns regnen,
Lass es gießen und uns segnen,
Lass uns immer neu begegnen –
Lass es immer so sein.

Wir werden miteinander alt,
Haben wir uns versprochen.
Ich glaube nun, wir sind es bald,
Das Wort ist ungebrochen.
Willst du mit mir nun älter werden.
Wenn die Morgen rau,
Wenn die Tage kälter werden?
Ja, eisgrau!

Lass Liebe auf uns regnen,
Lass es gießen, schütten und uns segnen,
Lass uns immer neu begegnen –
Lass es immer so sein.

(1999)

Ich singe um mein Leben

Ich singe um mein Leben,
Ich singe, um nicht aufzugeben,
Ich mach mir selber Mut, ich sing
Wie als Kind, wenn ich in den dunklen Keller ging.
Um die Angst nicht zuzugeben –
Ich singe um mein Leben.

Ich fühl mich wie der Akrobat,
Den hinter den Grimassen
Mitten auf dem gespannten Draht
Die Selbstzweifel erfassen.
Einstieg und Ziel gleich fern von mir:
Nach vorn, oder ich scheiter!
Kein Blick hinab, ich balancier
Mit einem grimm'gen Lächeln weiter.

Ich singe um mein Leben,
Ich singe, um nicht aufzugeben,
Wie Soldaten, die trotzig salutiern,
Wenn sie in die aussichtslose Schlacht marschiern.
Um die Angst nicht zuzugeben –
Ich singe um mein Leben.

Manchmal denk ich geht alles schief,
Wenn mir bei allen Mühen
Mein Schiffchen aus dem Ruder lief,
Die Leuchtfeuer verglühen.
Dann möcht ich mich verkriechen und
Dann will ich nichts erklären,
Dann will ich meinen Zottelhund
Und meinen abgeliebten Bären.

Ich singe um mein Leben,
Ich singe, um nicht aufzugeben,
Wie ich leise vor mich hinsummte, um nicht allein
In dem großen, leeren, fremden Haus zu sein.
Um die Angst nicht zuzugeben –
Ich singe um mein Leben.

Vielleicht ist es Sprachlosigkeit
Aus tiefem Unbehagen,
Vielleicht hab ich aus alter Zeit
Eine Schuld abzutragen.
Vielleicht, weil sich im Widersinn
Freude und Schmerz verbinden,
Muss ich, auch wenn ich glücklich bin,
Immer Trauer empfinden.

Ich singe um mein Leben,
Ich singe, um nicht aufzugeben,
Ich mach mir selber Mut, ich sing
Wie als Kind, wenn ich in den dunklen Keller ging.
Um die Angst nicht zuzugeben –
Ich singe um mein Leben.

(2001)

Mein Land

Mein dunkles Land der Opfer und der Täter,
Ich trage einen Teil von deiner Schuld.
Land der Verratenen und der Verräter,
Ich übe mit dir Demut und Geduld.
Mein graues Land, das bitter und geschunden
Sich selbst verneint bis zur Erbärmlichkeit,
Ich leide mit dir und an deinen Wunden
Und weiß, die heilen auch nicht mit der Zeit.
Mein helles Land der mutigen und stillen Aufrechten,
unerkannt und ungenannt,
Ich finde mich in deinem Freiheitswillen –
Mein Mutterland, mein Vaterland, mein schweres Land.

Du übst das wohlgefällige Betragen,
Den eifrigen Gehorsam: Auf die Knie!
Das eine denken und das andre sagen
Und betteln um ein bisschen Sympathie.
Und deine Herren dienen wie besessen,
Damit man ihnen die Zerknirschung glaubt.
Sie haben schon so lang Kreide gefressen,
Dass es, wenn sie das Maul aufmachen, staubt.
Und die, für die zu sprechen sie vorgeben,
Stehn ungefragt und übersehn am Rand
Und halten dich mit ihrem Mut am Leben –
Mein Mutterland, mein Vaterland, mein stummes Land.

Wie Erdklumpen an meinen Sohlen haften
Mir deine Bilder an, störend und schwer:
Die lang versprochnen blühenden Landschaften
Gähnen brach vor einem Ruinenmeer.
Von Glücksrittern, Piraten, Tagedieben

Verschaukelt und verladen und versetzt,
Nur die Bestohlnen sind zurückgeblieben,
Die Letzten, die beißen die Hunde jetzt.
Vergessen und verraten und verfallen,
Gestrandet und verlorn am Imbissstand,
Und Automaten dudeln aus Spielhallen –
Mein Mutterland, mein Vaterland, mein armes Land.

Ich bin, wie ich bin, eines deiner Kinder,
Wir beide haben uns nicht ausgesucht.
Du hast mich oft geschulmeistert, nicht minder
Oft habe ich deine Heuchelei verflucht.
Ich kann dich nicht, die Hand aufs Herz, ansingen,
Den Blick zur Fahne, und ein Wort wie Stolz
Kann ich mir auch mit Mühe nicht abringen –
Dummheit und Stolz sind aus demselben Holz!
Ich hänge an den Menschen, die hier leben,
An Orten, an mancher Begebenheit,
Um die meine Erinnrungen sich weben,
An deiner Schwermut, deiner Sprödigkeit.

Ich häng an dir und bin in deinen Brüchen,
Im Guten wie im Schlechten dir verwandt,
Ich bin dein Kind in deinen Widersprüchen –
Mein Mutterland, mein Vaterland, mein Land.

(2001)

Der Junge auf dem fremden Bahnhof, wie ein Hindernis
im Treck
Der Hastenden, der Reisenden, hatte leichtes Marschgepäck.
Ich stand wie Vasco da Gama vor dem Tor zur neuen Welt,
Die Fahrkarte am Band um meinen Hals, ich war ein Held!
Mit einem unscharfen Foto sucht ich nach ihnen verstohln,
Und mein Hasenherz, das flüsterte: Keiner kommt,
dich abzuholn.
Verlorn, verscholln, gestrandet, Bahnsteig 10 am Gare de l'Est
Ist ein sehr einsamer Platz, wenn dich dein Heldenmut
verlässt …
Da rief jemand meinen Namen, ich bin auf sie zugerannt,
Sie schlossen mich in ihre Arme, die fremden Menschen auf
dem Bild in meiner Hand.
Douce France!

Alles ist so fremd, so anders, so verwirrend und so schnell,
So viel neue Bilder, alles ist so aufregend, so grell.
Die Worte, die ich nachspreche und beginne zu verstehn,
Menschen, die mir hier begegnen, und die Dinge, die geschehn:
Wie sie ihre Autos parken, ohne Skrupel, ohne Zwang,
Küssen sich auf offner Straße, und sie essen stundenlang,
Menschen, die auf U-Bahnschächten schlafen, hatt ich
nie gesehn,
So viel Lebensmüde, die bei Rot über die Kreuzung gehn.
Und Cafés stelln Tisch und Stühle auf die Bürgersteige raus
Ich bin so fern von zu Hause und ich fühl mich doch schon
zu Haus!
Douce France!

100 Francs für eine Cola, 3 mal 50 für Kultur
Aus der Jukebox für den großen Georges, Trenet und Aznavour.
Wie haben sie mich entzündet, überwältigt und bewegt,
Hab mein ganzes Taschengeld in ihren Liedern angelegt!
Und die spielt ich nach auf den Boulevards als
Straßenmusikant
Abends vor den Filmpalästen, wo man damals
Schlange stand.
Ich habe Boris Vian gehört, Grappelli und Bechet –
Sein Sopran drang auf die Straße vorm »Caveau de
la Huchette«.
Andächtig standen wir draußen, zwei Kinder Arm in Arm,
Der Lebensdurst, die Zärtlichkeit und der Jazz hielten uns
warm.
Douce France!

Hab die Frauen in der Rue du Faubourg-Saint-Denis gesehn,
Die ihre Schönheit verkaufen, und ich konnt es nicht verstehn,
Dass sie sich für jeden Drecksack hinlegen, für jeden Wicht,
Wenn er nur die Kohle hinlegt – ich versteh es heut noch nicht!
Ich sah Pflastersteine fliegen, sah die Fratze der Gewalt,
Sah die Klugheit unterliegen, sah die Hand zur Faust geballt,
Sah sie offen ausgestreckt und zur Versöhnung schon bereit,
Lebte Freiheit, fühlte Gleichheit und ich fand Brüderlichkeit.
Douce France!

Wie ein Film flimmert mein Leben über die Kinoleinwand,
Einer von den schönen alten mit Ventura und Montand.
Ich seh: So viel hat der Junge, der da spielt, bei dir gelernt,
Hat dich hundertmal verlassen, hat sich nie von dir entfernt.
Hat geübt, sein eignes Land mit Liebe besser zu verstehn
Und Unabdingbares milder und versöhnlicher zu sehn.
Da war nie ein Wort der Feindschaft, nie eine Demütigung,

Nur so ein gewisses Lächeln in meiner Erinnerung.
Manchmal, wenn ich an mir leide, dann machst du mich
wieder heil,
Von meiner schweren, dunklen Seele bist du der helle,
der federleichte Teil.
Douce France!

(2004)

Ein Schreiben in einfühlsamen, klaren Worten,
Ein Herr vom Ministerium hat es überbracht.
Sie sollten es nicht aus dem Radio erfahren,
Die Meldung käme schon im Frühjournal um acht.
Mit einem Schlag ist nichts mehr, wie es war in dem stillen Reihenhaus,
Der Herr Minister spricht ihnen sein tief empfundenes Mitgefühl aus!

Kai war auf diesem Flug
Und mit ihm drei Kameraden.
Vier Einschüsse im Bug,
Hatten Hilfsgüter geladen.
Still, in sich gekehrt, verschlossen,
Aus dem strahlend blauen Himmel geschossen.
Kai war auf diesem Flug.

Sie haben die Nachricht in den dunkelsten Ängsten
Schon viele Mal erhalten und immer verdrängt.
Doch jetzt, wo sie da ist, erscheint ihr Handeln
Merkwürdig gefasst, wie von fremder Hand gelenkt.
Was wird man unter der Fahne heimbringen aus dem fremden Land,
Mehr als eine Erkennungsmarke aus einem Aufschlagbrand?

Kai war auf diesem Flug
Und mit ihm drei Kameraden.
Vier Einschüsse im Bug,
Hatten Hilfsgüter geladen.
Unbewaffnet in freundlichem Feuer
Als Erster Offizier am Steuer.
Kai war auf diesem Flug.

Im Haus überall Fotos in Bilderrahmen:
Mit der Schultüte am Tag der Einschulung,
Auf Klassenfahrt, beim Drachensteigenlassen
Und in der Uniform bei der Vereidigung.
Hätte sie ihm da doch nur den Hintern versohlt und ihn
einfach eingesperrt im Bad,
Genau wie damals, als er bei Woolworth die Buntstifte
geklaut hat!

Kai war auf diesem Flug
Und mit ihm drei Kameraden.
Vier Einschüsse im Bug,
Hatten Hilfsgüter geladen.
Plötzlich vom Radar verschwunden –
Was war da in diesen Sekunden?
Kai war auf diesem Flug.

Und lebendige Menschen in einem sichren Parlament
Entsenden ein weiteres Truppenkontingent
Mit Worten wie »Beistand«, die edel scheinen,
Wie »Friedensmission« und die doch nichts anderes meinen
Als: Wir schicken junge Menschen hinaus in ein Land,
In dem sie nicht willkommen sind, ihr Dienst nicht anerkannt,
Ihr Opfer nicht geachtet, ihre Uniform verhasst –
Ihr armen Kinder, wisst ihr, wofür ihr euch verheizen lasst?
Gewalt wird neue Gewalt gebären,
Terror wird neuen Terror nähren,
Und wieder ziehen Mütter daraus keine Lehre,
Und wieder schenken Väter Söhnen Spielzeuggewehre –
Es liegt nicht brach, es dörrt nicht aus, das verfluchte
Feld der Ehre!

Kai war auf diesem Flug
Und mit ihm drei Kameraden.
Vier Einschüsse im Bug,
Hatten Hilfsgüter geladen.
Am Ende der Welt
In einem Mohnfeld zerschellt.

(2007)

Dann mach's gut

Als ich ihn vom Bahnhof abgeholt habe, das letzte Mal,
Spülte ihn der Strom der Reisenden in die Novembernacht.
Ich erkannte ihn von weitem an dem wehenden Khmer-Schal,
Ich lehnte am Kofferraum unseres alten Strichacht.
Wir umarmten uns, klopften einander flüchtig auf den Rücken,
Ich musste mich etwas strecken, er musste sich etwas bücken.
»Hunger?«, fragt ich, als sein Seesack krachend auf die
Rückbank flog,
Er nickte, ich holte uns zwei Laugenbrezeln und Kaffee
Und begann den alten, immer gleichen Elternmonolog:
»Alles klar?« »Ja!«, »Was gibt's Neues?« »Nichts!«,
»Wie war die Fahrt?« »Okay!«
Er erinnerte mich so an diese kleinen wilden Tiere,
Die in Birma, wenn der Regen kommt, ihre Winterquartiere
In den Häusern der Menschen suchen und ihnen, wie es heißt,
Glück und Wohlstand bringen. Da saßen wir beide
dicht an dicht,
Ich am Steuer, er von ferne heimgekommen, weit gereist,
Wir hatten doch alles, aber wir wussten es einfach nicht.
Und als mich seine Einsilbigkeit schier zur Verzweiflung trieb,
Dachte ich, mein Gott, wie hab ich diesen Haderlumpen lieb!

Als ich ihn zum Bahnhof gebracht habe, das letzte Mal,
Schulterte er seinen grünen Seesack, in der freien Hand
Hielt er ein großes Mitbringsel. Rauchend vor dem Wartesaal
Lehnte er mit einem Lächeln an der bekritzelten Wand.
Er trug das rote Barett, das ihm betrunkene Soldaten
Mal geschenkt hatten. Er ging zum Zigarettenautomaten,
Und als er nach Münzen suchte, schob ich zwischen
Reisepass,
Tagebuch und Ticket heimlich einen Brief und einen Schein.

»Pass gut auf dich auf, und grüß das Mädchen, und iss auch
mal was!«
Stummes Nicken. Kinder können manchmal schrecklich
wortkarg sein.
»Dann mach's gut!« Und wir klopften einander flüchtig
auf den Rücken,
Ich musste mich etwas strecken, er musste sich
etwas bücken.
Und sein schwarzes Haar fiel in den Nacken auf
gebräunte Haut,
In die faltenlose Stirn. Aus seinen dunklen Augen floss
Ein Blick fern wie aus der Nacht der Zeiten und doch
so vertraut.
Und als sich die Waggontür lärmend zwischen uns
beiden schloss,
Sah ich ihn schemenhaft hinter der spiegelnden
Scheibe stehn –
Wir begreifen unser Glück erst, wenn wir es von
draußen sehn.

Wenn ich ihn vom Bahnhof abholn könnte noch einmal,
Wollt ich seinen schweren Seesack tragen, und er wär
mir leicht,
Und ich deckte eine Tafel für ihn für ein Abendmahl,
Wie es einem Königssohn gebührt und zur Ehre gereicht.
Und ich wollte ihm den köstlichsten Wein von der Loire
eingießen,
Und Girlanden sollten wehn und alle Flüsse aufwärts fließen.
Wenn ich ihn vom Bahnhof abholen könnte nur noch einmal,
Wollt ich gern bei Tag und Nacht in Wind und Wetter
wartend stehn,
Könnt ich irgendwann im Strom der Reisenden den roten Schal,
Leuchtend und so wohlvertraut, schon in der Ferne wehen sehn.

»Welcome home«, und wir klopften einander lachend auf
den Rücken,
Ich würde mich etwas strecken, er würde sich etwas bücken.
Wenn er auftauchte noch einmal vor mir aus der Dämmerung,
Hielt ich ihn mit beiden Armen fest, meine kostbare Fracht,
Und der rostige Strichacht würde für ihn noch einmal jung
Und trüg ihn heim wie eine Sänfte aus tausendundeiner Nacht.
Ich wollte für immer warten vor der lausigen Bahnstation …

(2013)

Das war nicht der wortkarge Pförtner im Haus an der
Havelchaussee,
Den ich durch das Türchen im Fenster um eine Auskunft bat.
Es war der lächelnde Concierge in seiner goldbetressten Livree,
Der mit angedeuteter Verneigung vor seinen Tresen trat
Und mit sanfter Stimme zu mir sprach in dieser Nacht,
und ich steh
Im River Hotel, Bar and Restaurant, Khan Daun Penh,
am Sisowath Quay.

»Mister Lee hat ausgecheckt,
Wie er das gerne macht,
Hat keinen von uns aufgeweckt,
Ging mitten in der Nacht.

Nein, Sir, niemand weiß genau,
Wann er kommt und geht,
Bis er lächelnd irgendwann,
So wie Sie dort vor mir steht.

Fragen sie den Mann mit dem Taxi, der fährt ihn,
wenn er verreist,
Oder den, der auf seinem Tuk Tuk schläft, das in der
Auffahrt hält.
Der bringt ihn heim spät in der Nacht und am Tag in die Stadt,
und es heißt,
Er sitzt gern in den Gärten unten am Fluss, und wenn die
Dämmerung fällt,
Bringt er eine Handvoll Räucherstäbchen, gebündelt wie
ein Geschenk,
Zu den Seelen der Geschundenen in den Mauern von Tuol Sleng.

Mister Lee hat ausgecheckt,
Wie er das gerne macht,
Hat mir zehn Dollar zugesteckt,
Mister Lee hat gelacht.

Mister Lee sagt nie Bescheid,
Nennt kein Reiseziel.
Sir, bedaure, tut mir leid,
Mister Lee redet nicht viel.

Fragen Sie jeden Losverkäufer, jeden Bettler in Khan Daun Penh,
In den Garküchen, in den Spelunken, alle kennen ihn hier im Revier,
Jeder sagt, ›der weiße Elefant‹, wie ihn die Kinder hier nenn,
Bleibt nie lange fort, der kommt immer wieder, Sir, glauben Sie mir,
Fragen Sie in den Wellblechhütten, fragen sie jeden Skipper am Pier,
Wenn Mekong und Tonle Sap südwärts fließen, ist er wieder hier!«
Die Nacht senkt sich im Regen auf das Haus an der Havelchaussee –
Und die Sonne geht auf über Khan Daun Penh und über dem Sisowath Quay.

(2016)

So viele Sommer

So viele Sommer mit dir verbracht,
Mit dir geliebt und geweint und gelacht.
Lass uns den Sommertag heut glücklich leben –
Wie viele Sommer mag es noch geben?

Alle guten Dinge müssen enden,
Lass uns verschenken, lass uns verschwenden,
Die Hand, die verschenkt, leert und füllt sich zugleich,
Nur was wir verschenken, macht uns wirklich reich.
Lass uns Glück verstreuen mit vollen Händen –
Alle guten Dinge müssen enden.

So viele Sommer mit dir verbracht,
Mit dir geliebt und geweint und gelacht.
Lass uns den Sommertag heut glücklich leben –
Wie viele Sommer mag es noch geben?

Die Tränen, der Kummer, die Niederlagen,
Schlaflose Nächte, Fragen und Klagen,
Die Zweifel, die Ängste, die Sorgen und Mühn,
Blütenträume, die nicht erblühn,
Gemeinsam durchstanden, gemeinsam getragen –
Die Tränen, der Kummer, die Niederlagen.

So viele Sommer mit dir verbracht,
Mit dir geliebt und geweint und gelacht.
Lass uns den Sommertag heut glücklich leben –
Wie viele Sommer mag es noch geben?

Die Liebe überstrahlt alles im Leben,
Alle Gestirne verblassen daneben,
Die einzige Botschaft, der einzige Sinn,
Die einzige Zuflucht liegt doch darin,
Einander Trost und Wärme zu geben –
Die Liebe überstrahlt alles im Leben!

So viele Sommer mit dir verbracht,
Mit dir geliebt und geweint und gelacht.
Lass uns den Sommertag heut glücklich leben –
Wie viele Sommer mag es noch geben?

Bewahr das Licht aus diesem Sommertag
Für den Wintertag, der getrost kommen mag!

(2016)

Das Haus an der Ampel

Manchmal fahre ich aus 'ner alten Gewohnheit
'Ne Ausfahrt zu spät von der Autobahn raus.
Dann nehm ich den Schleichweg durchs Dorf bis zur Ampel,
Dann halt ich genau vor meinem Elternhaus.
Da steht es noch immer wie vor hundert Jahren,
Als wir darin lebten, uneitel und schlicht,
Ein bisschen verwittert, ein bisschen verlassen,
Das Gartentor offen, im Flurfenster Licht.
Die Farbe der Haustür ist abgeblättert,
Das Fensterchen darin hat einen Sprung,
Der Klingelknopf über dem Namen verrostet,
Doch die Glocke klingt wie in der Erinnerung.

Meine Mutter macht auf, ihre Hände zittern wie immer
ein wenig,
Es riecht nach Kaffee und ein bisschen nach Rauch,
Obwohl Vater ja angeblich schon lange nicht mehr raucht.
Ich seh ihn im Sessel vor seinem alten Röhrenradio,
Die Augen geschlossen, und er dirigiert
Seinen Mozart, ich habe ihm rot auf der Skala
Seine Lieblingssender mit Edding markiert.
In der Diele hängt dieser Trevira-Mantel
Die steinalte Katze schnurrt leis vor sich hin,
Wie sehen mich die beiden, was werden sie sagen.
Jetzt wo ich selbst so grau wie sie geworden bin?

Auf dem Küchentisch steht das Glas Pulverkaffee,
Der Topf mit dem Tauchsieder, vorsintflutlich.
Der Kühlschrank beklebt mit Postkarten und Zetteln,
Ach, ich könnt euch was erzählen, sag ich,
Wie wir mit den Kindern die Dahlien gepflanzt haben

In eurem Garten, um sie Jahr für Jahr
Dann mühselig aus der gefrorenen Erde wieder auszugraben,
Wenn der Winter da war.
Und vorm Haus träumte Fred auf der Schaukel vom Fliegen,
Ihr habt sie dort mal nur für ihn aufgestellt,
Fred ist groß und ist tatsächlich Flieger geworden
Und fliegt Riesenflugzeuge um die ganze Welt.

Tja, so trägt der Dreisatz, den ihr mit ihm übtet,
Noch einmal seine späten Früchte, wie gut
Die drei mit euch lesen und schreiben lernten:
»Olaf malt Uta und Fu ruft tut«,
Wisst ihr noch, wie Lulu in eurem Backofen
Ihre Fimo-Tiere ausgehärtet hat?
Und wie sie mit Mutter am Küchentisch malte,
Schier unermüdlich, Blatt für Blatt?
Nun, Lulu ist heute eine Silberschmiedin,
Sie singt, malt und kocht, da fällst du auf die Knie!
Und Mutter sagt: »Junge, hast du getrunken?«
»Aber Mutter«, sag ich, »das mach ich doch nie.«
»Aber Mutter, das mach ich doch nie.«

Und Großenkel habt ihr, ja, ganz wunderbare,
So freundliche, kleine, also ich sag,
Die werdet ihr lieben, die singen und tanzen
Und malen den lieben langen Tag.
Und ich? Nun, ich mach immer noch diese Lieder,
Ihr wisst ja, das wollte ich immer schon gern.
Ob man davon leben kann, was soll ich sagen?
Eh zu spät, dass ich noch was Richtiges lern.
Ich träume noch oft wie als Kind,
Ich hole euch mit meinem goldenen Motorboot
Von der Arbeit ab ,und wir fahren nach Paris,
Und in der Kajüte macht Mutter das Abendbrot.

Vater steht auf, legt die Frankfurter Zeitung
In den Karton für das Altpapier,
Den hattet ihr ausgelegt mit Ahornblättern
Für den verletzten Igel, den Max und ihr
Eines Abends am Straßenrand aufgelesen
Und liebevoll aufgepäppelt habt,
Eh ihr ihm im Laubhaufen hinten im Garten
Ein sichres Quartier und die Freiheit gabt.
Und, ja, Max ist gegangen, Max hat alles gesehen,
Die dunkelsten Nächte und den hellsten Schein,
Immer ein bisschen weiter, immer allen voran,
Immer auf seinem Weg und ganz allein.

Ach, was erzähl ich euch hier?
Das wisst ihr doch alles längst,
Da oben auf eurem Wolkenthron –
Hupen und blinken hinter mir, die Ampel ist grün,
Ist ja gut, ist ja gut, ist ja gut, ich fahr ja schon.

(2020)

Ob es tatsächlich das allererste Lied ist, das er selbst geschrieben hat, weiß Reinhard Mey nicht mehr so genau, es könnte auch das zweite oder dritte gewesen sein. Dass mit »Ich wollte wie Orpheus singen« in gleich mehrerer Hinsicht etwas begann, dürfte dennoch unstrittig sein. Mit dem Titelsong der Debüt-LP von 1967 war ein Ton gesetzt, der vieles von dem, was folgen sollte, erstaunlich präzise vorwegnahm. Der Orpheus-Mythos, also das Mensch und Natur betörende Singen, wird gleichzeitig verabschiedet und aktualisiert. Die Lieder dieses neuen Orpheus klingen nach Wein und Zigarettenrauch, und wenn es gar nicht anders geht, trägt er seine Lyra, die längst schon eine akustische Gitarre ist, vorübergehend auch ins Pfandleihhaus. Die Themen sind dieselben geblieben – Liebe und Ewigkeit und alles dazwischen. Doch dieses Mal kehrt Eurydike heil aus der Unterwelt zurück: »Kein Fels ist zu mir gekommen / Mich zu hören kein Meer / Aber ich habe dich gewonnen, / Und was will ich noch mehr?«

Über die Jahre hat Mey seine Konzerte gelegentlich mit diesem Lied begonnen, etwa auf der Tournee 1990/1991:

> Ich will immer noch wie Orpheus singen. Das ist der Grund, warum ich hier bin, das ist der Grund, warum ich auf Tournee gehe, ich versuche es jeden Abend immer wieder. Das ist die Kraft, das ist der Motor, der mich treibt – die Sehnsucht nach dem guten Gefühl, sich verstanden zu wissen. Die Sehnsucht, die Lieder und Gedanken mit Ihnen zu teilen.

Die Kraft ist bis heute nicht ausgegangen. Rund vierhundert Lieder hat Reinhard Mey in den letzten fünfeinhalb Jahrzehnten veröffentlicht. Jeder, der den Versuch unternimmt, aus ihnen eine wie auch immer geartete Auswahl zu treffen, sieht die

 Liste fehlender Texte länger und länger werden. Weglassen kann schmerzhaft sein. Um sich dem erst gar nicht aussetzen zu müssen, hat Mey 2013 eine Gesamtausgabe seiner bis dato erschienenen 26 Studioalben kurzerhand zur einzig möglichen, somit zur endgültigen Best-of-Platte erklärt: »Was ›best of‹ ist, entscheidet doch jeder von uns für sich allein und jeder anders. Folglich kann ›best of‹ nur ›alle Lieder‹ bedeuten, nur so findet jeder seine eigenen Lieblingslieder wieder.«

Abseits einer solchen Gesamtschau bleibt nur die Beschränkung. Aber auch die Hoffnung, dass die für diesen Band getroffene Auswahl nicht nur ihren Hauptzweck erfüllt, einigermaßen repräsentativ zu sein –, sondern vielleicht sogar einen neuen Blick auf Meys Werk ermöglicht, weil die chronologische Anordnung der Lieder Hauptthemen, wiederkehrende Motive, ja sogar explizite Bezugnahmen auf Früheres sichtbar zu machen vermag. Wie ändert sich im Lauf der Zeit zum Beispiel Meys Schreiben über die Liebe, den Krieg, den Tod? Im besten Fall treten die aus ihrem ursprünglichen Zusammenhang gelösten Lieder in einen Dialog, der so zuvor noch nicht existiert hat.

Sicher: Manches durfte und sollte auch gar nicht fehlen. Undenkbar, auf Stücke wie »Gute Nacht, Freunde«, »Über den Wolken« oder »Der Mörder ist immer der Gärtner« zu verzichten. Sie gehören ebenso zwingend in diese Auswahl wie jene Lieder neueren Datums, die bei den Tourneen der letzten Jahre mehr oder weniger regelmäßig gespielt worden sind, »Das Narrenschiff« etwa, »Sei wachsam« oder »Viertel vor sieben«. Ansonsten galt es, jedes Schaffensjahrzehnt in einem möglichst ähnlichen Umfang zu berücksichtigen wie auch insgesamt dem Reichtum der Themen und Tonfälle im Werk gerecht zu werden. Aber warum »Ich bin Klempner von Beruf« und nicht »Ankomme Freitag, den 13.?« Warum »Mein Berlin« und nicht »Zwischen Kiez und Kudamm«? Letztlich kann die

Antwort darauf nur lauten: Weil der gewählte Text als *gelesener Text* besser zu funktionieren schien als die mögliche Alternative.

Denn in einem Band wie diesem, es liegt in der Natur der Sache, fehlt ja noch viel mehr als nur das eine oder andere Lied, das jemand zu seinen Favoriten zählt. Im Gegensatz zu den allermeisten seiner Weggefährten und befreundeten Kollegen – Franz Josef Degenhardt, Hannes Wader, Konstantin Wecker, Klaus Hoffmann, Ulrich Roski, Heinz Rudolf Kunze, Ulla Meinecke, Manfred Maurenbrecher, um nur einige zu nennen – hat Reinhard Mey nie ein Buch geschrieben. Keinen Roman, keinen Lyrikband, keine Autobiographie. Seine Kunst bleibt der Mündlichkeit verhaftet, sie braucht die Aufführung, um zu ihrem vollen Recht zu kommen. Alle hier abgedruckten Texte wurden einmal geschrieben, um später gesungen zu werden und fortan als Lieder zu existieren, auf Platte oder live vor Publikum in einem großen, dunklen Saal.

Im Französischen existiert als Berufsbezeichnung für Künstler wie Reinhard Mey der zwar etwas sperrige, doch dafür überaus präzise Begriff *Auteur-compositeur-interprète.* Wer die Texte und Melodien schreibt, singt sie auch selbst und beglaubigt sie bei Auftritten jedes Mal aufs Neue mit seiner Persönlichkeit. Sowohl die musikalische als auch die performative Seite entfallen bei der reinen Textwiedergabe in einem Buch. Es bleibt allein der *Auteur* übrig. Um das Pferd von hinten aufzuzäumen: Wer etwa Reinhard Meys Mienenspiel insbesondere beim Singen der satirischen Stücke nicht kennt, das Grimassieren, das Hochziehen der Augenbraue, das ruckartige Hin- und Herwerfen des Kopfes, der wird es dem Text auf der Buchseite nicht entnehmen können. Und wer, zum Glück ist es nur ein rein hypothetischer Gedanke, Reinhard Meys Stimme noch nie gehört hätte, diese perfekte Artikulation und diesen sanften Erzählton, der dafür Sorge trägt, dass sich alle mitgenommen fühlen, der könnte sie sich beim Lesen höchstens ansatzweise vorstellen.

Von der Musik natürlich ganz zu schweigen. »Text und Musik«, schreibt Mey in einem während der Vorbereitung dieser Universal-Bibliothek-Ausgabe geführten Mail-Wechsel,

> gehen für mich eine unlösbare Verbindung ein, sind ebenbürtig, ergänzen sich, geben einander Kraft, und wenn sie gut zusammenpassen, schwingen sie sich zusammen zu Höhenflügen auf, die das eine ohne das andere nie erreichen kann. Ich liebe Gedichte, und ich liebe Musik, aber erst beides vereint hat den größten Zauber und vermag Verstand und Gefühl gleichermaßen zu erreichen.

Zumindest bei den bekanntesten hier versammelten Texten wird die Erinnerung an frühere Hörerlebnisse die fehlende Musik fast automatisch ergänzen – als beim Lesen der ersten Zeilen unmittelbar anlaufende Tonspur im Kopf. Dann wird der Text zur Partitur. In allen anderen Fällen kann nur pauschal auf den Mehrwert an Bedeutung, Tiefe und Emotionalität verwiesen werden, den die jeweilige musikalische Umsetzung den Worten hinzufügt.

Meys Gesamtwerk gilt gemeinhin als erstaunlich homogen. Und es stimmt ja auch, sogenannte ›künstlerische Neuerfindungen‹ gab es ebenso wenig wie ›radikale Kurswechsel‹ oder gar ein ›Comeback‹. Aus einem ganz einfachen Grund: Der einmal eingeschlagene künstlerische Kurs hat sich als der richtige erwiesen, und der Zuspruch des Publikums ist konstant hoch geblieben. Zwischen Meys erstem Nummer-eins-Album *Mein Achtel Lorbeerblatt* und seinem bislang letzten *dann mach's gut* liegen erstaunliche 41 Jahre.

Und doch klingt eine Reinhard-Mey-Platte von 1972 ganz

anders als eine von 2013. Was vor allem an den jeweils beteiligten Personen liegt. Die größte Zäsur mag man um das Jahr 1989 herum erkennen, als Meys langjährige Zusammenarbeit mit dem Produzenten Walther Richter sowie den Arrangeuren Kai Rautenberg und Wilfried Grünberg endete. Der zwar stets von Meys akustischer Gitarre dominierte, üppige Streicher- und Chorarrangements jedoch nicht verschmähende Trademark-Sound des Frühwerks wich von da an transparenteren, vielschichtigeren Produktionen. Verantwortet werden sie bis heute vom großartigen Manfred Leuchter. Er ist maßgeblich dafür verantwortlich, dass Meys Studioalben seit 1990 das gesamte Spektrum zeitgenössischen Singer-Songwriter-Ausdrucks vermessen: Folk, Pop, Blues, Country, vereinzelt sogar Reggae.

Der Bezug zur Tradition, zu den musikalischen und textlichen Wurzeln blieb jedoch immer gewahrt. Mey schreibt Lieder und Chansons, daran hat sich nie etwas geändert. Als Gattungsbezeichnung taucht beides auch im Untertitel dieser Sammlung auf:

> Das Lied ist ja zunächst ein wertfreier Begriff, es kann das Vollkommene sein oder das Grottenschlechte, alles ist möglich, alles ist Lied. Das Chanson verlangt zuallererst Authentizität, dann erzählt es eine Geschichte, wahr oder erdichtet, ernst, satirisch, melancholisch, tragisch oder lustig, es gewährt eine durch nichts begrenzte Themenvielfalt – so wie das Leben. Für mich ist ein Chanson ein gutes Theaterstück in fünf Minuten.

Unschwer kann man in diesen Sätzen auch eine Beschreibung des eigenen Schaffens erkennen. Die Liebe zum französischen Chanson erwacht schon früh. Mey besucht in den 1950er Jahren ein französisches Gymnasium in Berlin, doch vor allem geht er bei den großen *Auteurs-compositeurs-interpretès* in die

 Schule und überführt das Gelernte anschließend ins unverwechselbar Eigene. Die Prägung hält ein ganzes Leben. Noch 2004 zitiert der Erinnerungstext »Douce France« den Titel eines Chansons von Charles Trenet. Von Trenet lernt Mey, dass buchstäblich alles zum Thema eines Lieds werden kann, vorausgesetzt, man schaut genau genug hin und bewahrt sich einen Blick für die oft verborgene Schönheit des Alltags. Mehr noch als am jeweiligen konkreten Inhalt erkennt man an der Haltung in Meys Liedern, wie viel sie den französischen Lehrmeistern verdanken. Jacques Brels radikales Ansingen gegen Bequemlichkeit und Herdentrieb hat ebenso Spuren hinterlassen wie Georges Brassens' Eintreten für Menschlichkeit und Solidarität.

Bis 2005 veröffentlicht Mey insgesamt sieben Alben in französischer Sprache, bereits das erste von 1968 erhält den Prix International der Académie de la Chanson Française. Die Texte übersetzt er selbst. Rückblickend scheint dieses Beheimatetsein im Französischen auch den Umgang mit der durch tausend Finsternisse hindurchgegangenen deutschen Sprache erleichtert zu haben:

> Ich kannte die Unworte der Unmenschen, sie lagen außerhalb meiner Wortwelt. Ich ging unvoreingenommen ans Werk, ich bin zweisprachig aufgewachsen, meine Sprache war die Sprache meiner Eltern, die Sprache der Bücher, die sie mir gaben, der Gedichte, die sie zitierten oder aufsagten. Es war die Sprache meiner guten Lehrer, die mich faszinierte, ob deutsch oder französisch, die Sprache von Baudelaire, Lamartine und Brassens, von Fontane, Rilke, Ringelnatz und Kästner.

Das und noch einiges mehr ist das Material, aus dem Mey ab Mitte der 1960er Jahre seine Texte formt. Von Beginn an schöpfen sie aus vielen Quellen, rufen einen weiten Raum literarischer Tradition auf zwischen Bänkelsang und dem Kabarett der Weimarer Republik, zwischen Barocklyrik und modernen Großstadtgedichten. Formal bewegen sie sich, wie beinahe jede Songpoesie in der populären Musik, in konventionelleren Bahnen. Kein Wunder, man muss sie schließlich singen können. Also gibt es Reime und Assonanzen, metrische Gebundenheit, Wiederholungen, Refrains.

Mey beginnt immer mit dem Text, die Melodie kommt danach. Um beim Singen im Metrum bleiben zu können, kommt es daher des Öfteren zum Wegfall unbetonter Silben oder zu Betonungen gegen den Wortakzent. Gleichwohl, und das macht Meys Vortrag so besonders, ist stets maximale Textverständlichkeit gegeben, selbst dann, wenn ein Atemzug eigentlich gar nicht ausreicht, um all die Silben unterzubringen, die der Text vorsieht. Insbesondere frühe satirische Stücke beziehen ihren Reiz auch aus dem halsbrecherischen Tempo, mit dem sie gesungen werden, sperrigste Vokabeln inklusive.

Wie Mey ja ohnehin ein Meister darin ist, der störrischen, doch dafür präzisen deutschen Sprache ihre Wortungetüme abzulauschen und sie dann so beiläufig im Text unterzubringen, als wären sie schon immer Teil deutschen Liedguts gewesen. Prominentestes Beispiel dafür ist sicherlich die legendäre »Luftaufsichtsbaracke« aus »Über den Wolken«. Aber auch der »Rücklaufkrümmer«, das »Halbrundstück«, die »Druckmanschette« oder die »Bogenschelle« (alle aus »Ich bin Klempner von Beruf«) wären hier zu nennen. Ähnlich wie Loriot weiß auch Mey, wie komisch es sein kann, Fachterminologie gelassen auszusprechen. Und dabei spielt es dann keine Rolle, ob der geborgte Jargon aus dem revolutionär-emanzipatorischen Lager stammt (»Annabelle, ach Annabelle«) oder doch eher von der »Aktenhauptverwertungsstelle Nord«.

»Ein Antrag auf Erteilung eines Antragformulars« heißt das Stück, das kafkaesken Behördenirrsinn mit den Pointen guter Beamtenwitze kreuzt. Aber eigentlich muss man den Text nicht einmal lesen, um seinen Inhalt zu kennen. Seine Gestalt auf der Buchseite nimmt das Dickicht, durch das sich der Antragteller quälen muss, optisch schon vorweg. So wie – am anderen Ende des emotionalen Spektrums – die schmalen Strophen und elliptischen Zeilen von »Es ist immer zu spät« dem thematisierten Abbruch aller Verständigung genau entsprechen. Die Vorsätze und das Sehnen münden am Ende in ein einziges Wort: »vorbei«. Als die atmende, an- und wieder abschwellende Musik endgültig verklingt, dröhnt die Vergeblichkeit in der Stille nur umso lauter.

»Lieder sind meine Chronik«, schreibt Mey in den Liner Notes zum Album *Mairegen* (2010), und wirklich, hintereinandergelegt, ergäben sie wohl die nicht geschriebene Autobiographie. Aufgeschrieben, bewahrt sind die Lebensgeschichten der Eltern ebenso wie die Erinnerung an Geburt und Heranwachsen der drei Kinder. Ihre große Kraft können diese Lieder entfalten, weil sie nie ins rein Private kippen, sondern persönliche Erfahrungen so fassen, dass sie vom Hörer wiedererkannt und geteilt werden können. Paradoxerweise gelingt es ihnen gerade deshalb, weil sie stets konkret bleiben. Es sind die scharf umrissenen Bilder, die den Hörer treffen und ihm eine Situation, ein Erlebnis blitzartig einleuchten lassen: der mit Edding auf dem väterlichen Radio markierte Lieblingssender in »Das Haus an der Ampel«; das stundenlange Rolltreppenfahren an der Hand der Mutter in »Das Foto vor mir auf dem Tisch«; der heimlich zwischen Bahnticket und Reisepass gesteckte Brief in »Dann mach's gut«, geschrieben für Maximilian, Reinhard und Hella Meys Sohn, der 2014 nach fünfjährigem Wachkoma verstorben ist.

Meys Arbeit den politischen Gehalt abzusprechen, wie es etwa die Eiferer Ende der 1960er Jahre beim Open-Air-Festival auf der Burg Waldeck getan haben, mag in den aufgeregten Tagen der Studentenrevolte noch angegangen sein, auch wenn es schon damals nicht gestimmt hat. Wer Mey aber heute noch einen Idylliker nennt, urteilt entweder bewusst falsch oder hat kein Album je von Anfang bis Ende durchgehört.

Seit jeher ist der Schauplatz der Chansons die Spelunke, nicht der Festsaal; die Dachkammer, nicht der Palast. Untrennbar verbunden mit dieser Hinwendung zum alltäglichen Leben (etwa in »Hauptbahnhof Hamm« oder »Manchmal, da fallen mir Bilder ein«) ist auch in Meys Texten eine prinzipiell obrigkeitskritische Haltung, die alle Formen von Gier, Skrupellosigkeit, Korruption, Glücksrittertum und Machtmissbrauch scharf verurteilt (»Was in der Zeitung steht«, »Sei wachsam«, »Mein Land« oder die Allegorie »Das Narrenschiff«).

Man liegt wohl nicht falsch, wenn man Boris Vians radikalpazifistisches Chanson »Le déserteur« von 1954 als eines von Reinhard Meys Lebensliedern bezeichnet. Gecovert hat er es zwar erst 2015, der Einfluss zeigt sich aber schon weit früher. So, wie das Ich in »Le déserteur« per Brief seine Fahnenflucht verkündet, so wendet sich auch der Vater in »Nein, meine Söhne geb ich nicht« an die Herren des Krieges. »Alle Soldaten wolln nach Haus« kommt heiterer daher, denn geschrieben wurde es wie »Mein Berlin« zur Wendezeit 1989, als ein Ende weltpolitischer Verheerung möglich schien. Die Hoffnung währte bekanntlich nur kurz. »Gewalt wird neue Gewalt gebären, / Terror wird neuen Terror nähren«, lautet in »Kai« die bittere Bilanz. Zurück bleiben die fassungslosen Eltern eines bei einem Auslandseinsatz der Bundeswehr getöteten Soldaten.

All diese Lieder variieren denselben Appell: nie wieder Krieg! Seine Glaubwürdigkeit erfährt er durch das Wachhalten der Erinnerung an das heillose 20. Jahrhundert. In »Die Kinder von Izieu« erzählt Reinhard Mey die wahre Geschichte von 44 jüdischen Kindern, die während der Zeit des Nationalsozialismus in einem Waisenhaus im besetzten Frankreich versteckt gehalten wurden und am Ende ihren Mördern doch nicht entgingen. Das Lied zitiert in Erzählhaltung und Sprachgestus Jean Ferrats Chanson »Nuit et brouillard«, das wiederum in engem Zusammenhang mit Alain Resnais' gleichnamigem, 1956 uraufgeführtem Dokumentarfilm über die deutschen Konzentrationslager steht. »Nach Auschwitz ist kein Gedicht mehr möglich, es sei denn auf Grund von Auschwitz«, so erweiterte der Literaturwissenschaftler Peter Szondi einmal ein berühmtes Diktum Theodor W. Adornos. Auch Reinhard Meys Texte und Lieder können als fortgesetzte Anstrengung begriffen werden, der Barbarei eingedenk zu bleiben: »Ich rede und ich singe, und wenn es sein muss, werd ich schreien«.

Mit ihrem unbeugsamen Beharren auf Trost, Versöhnung, Freundlichkeit, Zuwendung, Humanismus und Lebensfreude zeigen Meys Lieder, was möglich sein könnte, wäre die Welt nicht viel zu häufig die, die sie ist. Sie sind Feier des Gelungenen ebenso wie Einspruch gegen das schlechte Bestehende, und darum geht es in ihnen – auch wenn es das Klischee nicht wahrhaben will – oft zornig, protestierend, fassungslos, dunkel, fast schwarz zu. Ein frühes Beispiel gibt »Atze Lehmann«. Der Versuch, für den Suizid eines Musikerkollegen aus Berlin-Hermsdorf eine Erklärung zu finden, schlägt fehl. Am Schluss der sechs epischen Strophen verweigert Mey dem Hörer eine Moral: »Und je mehr ich drüber nachdenk, / Desto wen'ger werd ich schlau daraus – / Da erschießt sich Atze Lehmann / Im Garten, hinter seinem Haus.« Kälter geworden ist es, mitten am Tag.

Hannes Wader hat sein Album mit Stücken des schwedi-

schen Liederdichters Carl Michael Bellman *Liebe, Schnaps, Tod*
genannt. Vielleicht sind aus diesen drei Zutaten tatsächlich die Lieder sämtlicher Zeiten und damit auch die von Reinhard Mey gemacht. Und wenn nicht aus Schnaps, dann aus »jenem bill'gen roten Wein«, mit dem sich so gut alten, aus den Augen verlorenen Freunden nachtrinken und auf die Endlichkeit anstoßen lässt. 1973 konnte Meys wohl bekanntestes Liebeslied »Wie vor Jahr und Tag« noch getrost auf den Fortgang der Zeit bauen: »Viel mehr als gestern liebe ich dich heute, / Doch wen'ger noch, als ich dich morgen lieben werd«. Vierzig Jahre später wird jedes »Morgen« ein Geschenk: »Wie viele Sommer mag es noch geben?« Dennoch ist da die Gewissheit: »Die Liebe höret nimmer auf.« In gleich mehreren Texten des Spätwerks zitiert Mey diesen zentralen Satz aus dem ersten Korintherbrief. Auch im an ein Kirchenlied erinnernden »Lass Liebe auf uns regnen« wird er zur Beschwörung einer Verbindung, die die Stürme der Zeit übersteht.

Und dann gibt es noch »Über den Wolken«. Viel ist über dieses Stück geschrieben worden, mehr als über jedes andere in Meys Repertoire. Der Regisseur Christian Petzold hat es als »das einzig gute deutsche Volkslied« bezeichnet, weil »wir Deutschen nur über den Wolken frei atmen können, nicht auf Erden«. Tatsächlich kommt es einem so vor, als hätte man das Lied immer schon gekannt. Fast vergisst man, dass es gar nicht vom Fliegen selbst handelt, sondern nur von der Sehnsucht danach. Aber die Sehnsucht reicht schon, damit sich der Tag für den, der den Flugzeugen nachsieht, mit Faszination auflädt und in seinen Einzelheiten zu leuchten beginnt. Reinhard Mey hat »Über den Wolken« geschrieben, als er mit dem Erwerb seiner Fluglizenz beschäftigt war. Das Stück hat diesen konkreten Anlass längst hinter sich gelassen. Wenn man will, kann man in ihm sogar eine politisch zu verstehende Freiheitshymne erkennen, viele Menschen in der DDR haben das getan. Doch eigentlich ist es ein ›kleines‹ Lied, eine lyrische Momentaufnahme. Der Zauber, der von ihr ausgeht, hat sich bis heute nicht abgenutzt.

Wie entstehen die Lieder? Nicht eruptiv. Seit langem schon organisiert Mey alle paar Jahre sein Leben gemäß den Anforderungen des Schreibens. »Schreibzeit«, das bedeutet eine über Monate aufrechterhaltene Disziplin, eine fast asketische Abwendung von der Welt, um ihr in Texten und Melodien auf die Spur zu kommen:

> Die genaue Planung der Schreibzeit habe ich mir vorgenommen, um mir im Verlauf der Zeiten eine Struktur zu geben, um dann der Spontaneität ihren wilden, freien Lauf zu lassen, die Einfälle sprudeln zu lassen, so chaotisch und unvorhersehbar, wie sie kommen, und um die Kreativität in geordnete Bahnen zu lenken. Die Planung hilft mir, meine Zeit nicht zu vergeuden, ich kann nur *schreiben* oder *nicht schreiben*. Wenn ich schreibe, kann und will ich nebenher nichts anderes tun.

Seit der Platte *Bunter Hund* (2007) schreibt Mey seine Lieder nicht mehr von Hand. Legionen von schwarzen BIC-Kugelschreibern hatten bis dahin ihren Dienst auf dem weißen, an einem Klemmbrett befestigten Papier verrichtet. Im Zimmer unterm Dach steht nun stattdessen ein Computer, der Mey nicht nur als Schreibwerkzeug dient, sondern auch als flexibles Aufnahmestudio für das Erstellen seiner Demos.

Das Geordnete des Schreibprozesses – »dass die Kreativität der Disziplin folgt« – setzt sich fort bei der Veröffentlichung der Alben. Seit 1994 wird die Chronik der Studioalben stets im Mai (sic!) fortgeschrieben, früher alle zwei, mittlerweile alle drei oder vier Jahre. Und im Herbst des Folgejahres finden die Tourneen statt, so denn nicht gerade eine Pandemie dazwischenkommt.

Wer schon einmal Konzerte von Reinhard Mey besucht hat, weiß, dass es sich nicht um Nostalgieveranstaltungen handelt. Alte, dem Publikum vertraute Stücke tauchen nur vereinzelt im Programm auf. Im Mittelpunkt steht immer das Material der gerade aktuellen Studio-LP. Nur klingt es ganz anders als auf Platte, denn Mey tritt grundsätzlich alleine mit Gitarre auf. Auf diese Weise führt er die Lieder, die im Studio sorgfältig arrangiert und mit verschiedenen Begleitmusikern eingespielt worden sind, wieder auf ihren Kern zurück – Text und Melodie. Gelegentlich auch mit kleinen Änderungen:

> Ich empfinde das Lied als fertig, wenn ich es meiner Frau vorgespielt und es aufgenommen habe, es ist wie ein Bronzeguss oder ein Abdruck, der einmal ausgehärtet nicht mehr verändert werden will. In einem Konzert macht es natürlich Spaß, mal zu improvisieren, einen aktuellen Bezug einzufügen oder einer Strophe eine unerwartete Wendung zu geben.

Etwa wenn der Mörder dieses eine Mal der Klempner ist. Oder wenn Anfang 1991 die völlig überflüssigen Anträge auf Erteilung eines Antragformulars nicht mehr zum Einstampfen ans Oberverwaltungsamt zurückgehen, sondern als »kleine bürokratische Entwicklungshilfe« rübergeschickt werden nach Dresden, Jena, Leipzig und Halle. Oder wenn 2014 mit dem »Rüpelrapper« schon die mindestens übernächste Generation von Entertainern dem Technik-Overkill auf der Bühne zum Opfer fällt, während der Bänkelsänger sein Publikum noch immer mit einem »Stück Musik von Hand gemacht« unterhält.

Solche Aktualisierungen bleiben zumeist dem Augenblick verhaftet. Sie finden keinen Eingang in die offiziellen Songbücher und damit auch nicht in den vorliegenden Band. Mit einer Ausnahme. »Gib mir Musik« folgt bei der Wiedergabe der dritten Strophe nicht der Originalversion vom Album *Leuchtfeuer* (1996), sondern der auf der Tournee 2011 gesungenen Fassung. Es gibt Momente, da hat man Musik noch viel, viel nötiger als nachts um drei in einer leeren Hotelhalle, heimstolpernd nach einem Fest. Nämlich dann, wenn sie zum einzigen Rettungsring wird, der überhaupt noch erreichbar ist an einem Tag, »wo dir das Leben scheinbar durch die Finger rinnt«.

Viele Reinhard-Mey-Tourneen wurden auf Live-Doppelalben festgehalten, in den vergangenen knapp dreißig Jahren ist die Reihe sogar lückenlos. Der Übergang vom Vinyl zur CD mit ihrer deutlich längeren Spielzeit ermöglichte es, auch die jeweils zwischen den Liedern gesprochenen Texte zu dokumentieren. Sie sind weit mehr als bloße Ansagen oder das bei anderen Acts übliche Pingpongspiel mit der Menge. Sie liefern den Hintergrund zur Entstehung einzelner Stücke, eröffnen dem Gesungenen zusätzlichen Horizont und sorgen für thematischen Zusammenhang. In ihrer Dauer den Liedern manchmal sogar ebenbürtig, bilden diese Texte eine Form mündlicher Prosa ganz eigener Bestimmung. Auch sie hat dazu beigetragen, dass Meys Verbindung zu seinem Publikum nie abgerissen ist. »Einen Schritt auf so verschied'nen Wegen / Haben wir gemeinsam gemacht«, heißt es in »Leb wohl, adieu, gute Nacht«:

> Als ich mein erstes Lied schrieb, wusste ich genau, was ich wollte. Ich wollte schreiben und singen, was mich bewegte, was ich sah, was ich erlebte, meine Chronik mit meinen Worten und meinen Melodien. Ich wollte Lieder machen, die Einheit von Text und Musik. Und zu dieser Einheit gehörte für mich unabdingbar auch die Einheit von Werk und Urheber. Der Wille, für jedes Wort, jede Zeile einstehen zu

können. Wenn du mit deinem Werk eins bist und du es mit bestem Wissen und Gewissen und reinen Herzens geschrieben hast, dann kannst du das Lob getrost annehmen, und den Verriss mit einem Lächeln wegstecken, du hast dein Bestes gegeben, das mag nicht jedem gefallen, aber du bist mit dir im Reinen. Ich habe zudem einen großen Freiheitsdrang, und ich wollte auch vom ersten Lied an frei sein in dem, was und wie ich singe. Ich wollte frei sein vom Zeitgeist, von ideologischen Vorgaben. Ich wollte kein Image aufbauen, ich wollte sein, wie ich bin, frei. Mit diesem Kompass im Rucksack gehst du deinen Weg, da lässt dich kein Triumph überschnappen, und da schreckt dich kein finsteres Tal.

Orpheus hat einfach immer weitergesungen. Und wenn man es genau nimmt, hat er uns alle auf die eine oder andere Weise gewonnen. Er ist der Sänger, der uns für die Dauer eines Liedes, einer Platte, eines Konzerts noch einmal in die Kindheit führt und die Uhr zurück auf Viertel vor sieben stellt. Auf jenen Moment des Heimkommens am Abend, als die Dinge noch einfach waren und die Wege nur geradeaus gingen.

Oliver Kobold

Diskographie

Studioalben

1967: Ich wollte wie Orpheus singen
1968: Ankomme Freitag, den 13.
1970: Aus meinem Tagebuch
1971: Ich bin aus jenem Holze
1972: Mein achtel Lorbeerblatt
1974: Wie vor Jahr und Tag
1975: Ikarus
1977: Menschenjunges
1979: Keine ruhige Minute
1980: Jahreszeiten
1981: Freundliche Gesichter
1983: Die Zwölfte
1985: Hergestellt in Berlin
1986: Alleingang
1988: Balladen
1990: Farben
1992: Alles geht
1994: immer weiter
1996: Leuchtfeuer
1998: Flaschenpost
2000: Einhandsegler
2002: Rüm Hart
2004: Nanga Parbat
2007: Bunter Hund
2010: Mairegen
2013: dann mach's gut
2016: Mr. Lee
2020: Das Haus an der Ampel

1971: Live
1974: 20.00 Uhr
1978: Unterwegs
1981: Tournee
1984: Live ’84
1986: Die große Tournee
1991: Mit Lust und Liebe
1995: Zwischen Zürich und zu Haus
1997: Lebenszeichen
1999: Lampenfieber
2001: Solo
2003: Klaar Kiming live
2006: ! Ich kann
2011: Danke, liebe gute Fee
2012: Gib mir Musik
2015: dann mach’s gut – live
2018: Mr. Lee live
2023: In Wien

Französischsprachige Studioalben

1968: Frédérik Mey, Vol. 1
1972: Frédérik Mey, Vol. 2
1974: Frédérik Mey, Vol. 3
1976: Frédérik Mey, Vol. 4
1979: Frédérik Mey, Vol. 5
1982: Frédérik Mey, Vol. 6
2005: Frédérik Mey, Vol. 7 – Douce france

1976: Recital Frédérik Mey à l'Olympia
1979: Bobino